9급/7급 공무원 시험대비　　동영상강의 www.pmg.co.kr

박문각 공무원

박혜선
국　어

최단기간
고전 운문

박혜선 편저

만점릴레이 신화! 평균90.88

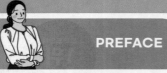

기대를 저버리지 않는 혜선 쌤이
亦功이들에게 선사하는 최고의 고전 운문 적중 특강!

안녕하세요. 여러분들의 단기합격을 책임지는
박문각의 대표 비타민 국어 박혜선입니다.

혜선 쌤의 강의 중에서 **합격자들이 가장 강추하는 특강**은
고전 운문 적중 특강입니다.

오답률이 높은 영역 중 하나인 고전 운문 영역은
어떻게 배우느냐에 따라 가장 정답률이 높아질 수 있는 영역입니다.
혜선 쌤에게 고전 운문을 배우면 신기하게도
고전 운문이 쉬워지게 된다고들 말합니다.
이 세상에서 가장 쉬운 고전 운문 강의를 준비했으니 우리 亦功이들이 고전 운문의
고수가 되길 기원합니다.

고전 운문이 어려운 이유는

첫째, 한자가 많다.

둘째, 지금 쓰지 않는 음운의 체계가 쓰인다는 것입니다.

당시에는 소리대로 표기를 했기 때문에 시조를 발음할 줄 모른다면
의미가 파악이 되지 않는 것은 너무 당연한 일입니다.

따라서 혜선 쌤은 이 교재에서 어떠한 고전 운문이 나와도 읽을 수 있는
'야매와 꼼수'를 우리 역공이들에게 최대한 많이 알려드리려고 합니다.
콤팩트 하지만 적중이 잘되는 교재이자 강의이므로
재밌고 유익하게 이 교재와 강의를 봐주시면 감사하겠습니다~^^

자 그럼 이제 **구연동화를 읽듯,**
재미있는 고전 운문 적중의 세계로 떠나보겠습니다~^^

2023년 9월 편저자
박혜선 惠旋

GUIDE 구성과 특징

1

고전 운문 읽는 방법

- 소리 낼 줄 알아야 의미를 파악할 수 있다!
  혜선 쌤만의 전매특허 고전 운문 읽는 방법으로 낯선 고전 운문이 나와도 읽을 수 있게 하였습니다.

PART 01 고전 운문 읽는 방법

1. 읽을 줄 알아야 의미 파악이 가능하다. : 기본 – 소리 나는 대로 읽기 (표음주의)

① ·(아래 아) = 첫째 음절 ❶ ______
둘째 음절 ❷ ______, ❸ ______, ❹ ______

무ᄋᆞ미 알ᄑᆞ다. = ❺ ______
자시ᄂᆞᆫ 창(窓)밧긔 = ❻ ______
좀 못 드러 = ❼ ______

② ·ㅣ = ❽ ______

막ᄃᆡ = ❾ ______, ᄇᆡ = ❿ ______, ᄃᆡ = ⓫ ______

2

한자를 읽는 방법

- 고전 운문 한자에 쫄지 마세요! 혜선 쌤의 전매특허! 야매와 꼼수를 알려 드립니다.

2. 한자 시험이 아니니, 아는 것만 대입하자.

아마도 임천한흥(林泉閑興)을 비길 곳이 업세라.
= 아마도 ⓭ ______을 비교할 곳이 없다.

밤중만 일편명월(一片明月)이 긔 벗인가 ᄒᆞ노라.
= 밤중만 ⓮ ______이 그 벗인가 하노라.

일엽편주(一葉片舟)를 만경파(萬頃波)에 띄워 두고
= ⓯ ______를 ⓰ ______에 띄워 두고

❶ 이르다 ❷ 여기다 ❸ 옛 ❹ 이불 ❺ 옆에 ❻ 익 ❼ 잎 ❽ 잊어 ❾ 서 있어 ❿ 제 ⓫ 지 ⓬ 장천 ⓭ 자연의 흥 ⓮ 달 ⓯ 배 ⓰ 파도

3

적중이 될 수 있는 고전 시조와 친절한 현대어 풀이

- 철저한 기출 분석 끝에 정리한 적중각 고전 시조만 모았습니다. 이 시조들은 무조건 내면화 가즈아!

1 삼동(三冬)에 뵈옷 닙고, 조식

삼동(三冬)에 뵈옷 닙고 암혈(巖穴)에 눈비 마자

구름 낀 볏뉘도 쮠 적이 업건마ᄂᆞᆫ,

서산(西山)에 ᄒᆡ지다 ᄒᆞ니 눈물겨워ᄒᆞ노라.

현대어 풀이

한겨울 베옷 입고, 바위굴에서 눈비 맞고 있으며
구름 사이 비치는 햇살도 쬔 적 없지만
서산에 해가 졌다(=임금이 승하하였다)는 소식 들으니 눈물 나는구나.

님 그린 상사몽(相思夢)이 실솔(蟋蟀)의 넋시 되어

추야장(秋夜長) 깊픈 밤에 님의 방(房)에 드럿다가

날 잇고 깁피든 잠을 꾀와볼가 호노라.

 현대어 풀이

임을 그리워하는 꿈이 귀뚜라미의 넋 되어서
기나긴 가을밤에 임의 방에 들었다가
날 잊고 깊이 든 잠 깨워 볼까 하노라.

혜선쌤이 한땀한땀 정리한 功 작품 정리

• 주제: 임을 향한 간절한 그리움과 사랑
• 시적 상황: 임과 헤어지고 나서 임을 만나고 싶은 마음을 드러냄.
• 정서와 태도: 임을 원망하면서도 그리워함.
• 표현상 특징
  ① 추상적인 감정인 연정(戀情)을 '귀뚜라미'로 구체화함.
  ② '귀뚜라미'는 의인화됨.
  ③ '실솔(蟋蟀)의 넋'은 임을 향한 그리움을 귀뚜라미에 이입시키며 귀뚜라미의 넋이 되어서라도
     임과 함께하고 싶다는 화자의 심정을 드러냄.
  ④ '귀뚜라미'=1) 화자와 임의 매개체 2) 화자의 분신 3) 연정

④

혜선 쌤이 한 땀 한 땀 만든 자세한 작품 정리

• 혜선 쌤이 직접 정리한, 시험에 선지로 나올 수 있는 출제 포인트들을 작품 정리에 모았습니다.

⑤

주제별 시조 묶음

• 주제별로 시조를 묶어 머릿속에 구조화가 잘 되도록 하였습니다.

고려~조선
1. 고려 왕조의 멸망

37 오백년(五百年) 도읍지(都邑地)를, 길재

오백년(五百年) 도읍지(都邑地)를 필마(匹馬)로 도라드니

산천(山川)은 의구(依舊)호되 인걸(人傑)은 간디 업다

어즈버 태평연월(太平烟月)이 꿈이런가 호노라

혜선쌤이 한땀한땀 정리한 功 작품 정리

• 주제: 고려 멸망의 한과 인생무상함.
• 시적 상황: 조선 건국 후에 망한 고려의 궁터를 돌며 느끼는 정한
• 정서와 태도: 안타까움, 인생무상(人生無常)
• 표현상 특징
  ① 변함없는 '산천'과 변하는 '인걸'을 대조하여 인간 세상의 무상함이라는 주제를 강조함.
  ② 대구법을 통해 운율을 형성함.
  ③ 영탄법을 통해 화자의 안타까움을 강조함.
  ④ 비유법을 통해 주제를 강조함.

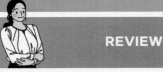

★★★★★ 7개월 만에 2024 교육행정직 수석 합격! 떠먹여 주고 씹어 삼키는 거까지 다 해주십니다!

김○○(네이버 카페) 콤단문 강의는 빈출(출제자들이 좋아하는) 포인트 기준으로 나눠서 잘 짜여 있기 때문에 공부하는 입장에서는 자신의 공부 상태에 따라, 또 중요도에 따라 전략적으로 파고들 수 있습니다. 어떻게 이만한 교재에 이렇게 많은 걸 담을 수 있을까 싶을 정도로 공부하는 입장에서 굉장히 편리하게 신경을 많이 쓰신 게 다 느껴질 정도입니다. 또한 적중 특강으로 감동이 우주로 승천해버립니다. 사이보그 인간이 아닌가 싶은 엄청난 스케줄로 기억하고 있습니다. 그냥 학생들이 필요하다 싶은 파트는 전부 요리해서 갖다 바치고 떠먹여 주고 씹어 삼키는 것까지 세심하게 전부 다~해준다 생각하시면 됩니다.

★★★★★ 2024 국가직 지방직(서울시) 2관왕 합격! 정말 대성하실 혜선 쌤. 대 강사 되실 거예요!

이○○(네이버 카페)

쉽게 쉽게 가르쳐 주시고 콤팩트하게 가르쳐 주시고 시험의 실전 팁들을(일명 야매) 알려주시는데 실전 들어갔을 때 정말 도움이 많이 되었습니다. 요즘 수험 경향에 완전히 맞게 수업을 잘해주셔서 홍보 같은 것을 하지 않아도 자연적으로 수험생들을 끌어 오실 거 같을 정도. 정말 한 땀 한 땀 정성스럽게 가르쳐 주셔서 합격하게 되었습니다. 한자의 경우에도 경기를 일으킬 정도로 공부하기 싫었는데 혜선 쌤과 함께한 향로는 그런 생각이 사라졌던 거 같아요. 항상 피와 살이 되는 강의 해주셔서 감사합니다.

★★★★★ 2024 지방직 일반 행정 평균 93점 합격! 합격 점수는 혜선 쌤을 만나기 전과 후로 나뉜다!

이○○(네이버 카페)

2022년 시험에 다 떨어진 후, 2023년 시험 대비 때 혜선 쌤 커리로 갈아탔습니다. 2022 지방직 때 예상 외의 낮은 점수로 충격을 받았습니다. 안정적이지 않은 점수에 2023년에는 혜선 쌤 커리를 타게 되었는데 혜선 쌤 커리를 타고 2023년 국가직에서 100점을 맞았습니다! 2023년 지방직에선 하나 나간 게 아쉽네요 ㅠㅠ. 점수가 올라가고 나서 제가 느낀 혜선 쌤 커리 장점은 다음과 같습니다. 첫째, 이해를 쉽게 만드는 간결하고 핵심만 정리된 교재들(중요도 평정이 이미 되어 있어 공부 부담이 적어요) 둘째, 양질의 문제들(기출, 동모 모두 실전과 동일합니다), 셋째, 넘치는 적중 무료특강입니다. (약점 위주로 뽑아 대비해주십시오. 적중률은 보장!)

★★★★★ 2023 국가직 합격! 혜선 쌤은 푸시만 잘 받는다면 향후 전체 1타가 될 분명한 강사십니다.

나○○(네이버 카페)

현직이지만 다시 한번 도전했다가 2023 국가직에 합격했습니다. 어느 정도 합격 경험이 있어 짬바로 1타로 상승할 강사 그리고 실력이 있는 강사를 구분할 눈은 있는데 혜선 쌤은 푸시만 잘 받는다면 향후 전체 1타가 될 분명한 강사십니다. 지금 실강으로 듣는 게 행운인 시기일 수도 있습니다. 앞으로 행복한 일만 있으시기를 바라고 지금 열정 잃지 마시길 바라며 다재다능한 선생님과 짧은 기간이었지만 재밌게 공부했고 감사했습니다.

★★★★★ **국어가 약점이었지만 혜선 쌤과 재밌게 수업하고 95점 높은 점수로 2023 국가직 초시 합격!**

고○○(네이버카페)

저는 학창 시절부터 국어가 약점이었는데요, 혜선 쌤은 정말 반복을 많이 해주시고 책도 너무 잘 되어 있어서 복습할 때 엄청난 시간을 투자하지는 않았는데 실력이 점점 늘었습니다. 선생님께서도 복습을 오래 하라고 하지 않으시고 시간이 없으면 책에 있는 기출이라도 잘 풀라고 해주시는데 그것만으로도 많은 부분들이 복습되었어요. 수업에서도 정말 중요한 부분만 집어주시고, 암기할 부분들은 선생님만의 암기법이나 관련 얘기들을 해주셔서 기억에 너무너무 잘 남았어요. 가끔 문제를 풀 때 선생님이 엄청 엄청 강조하신 부분이 나오는데 그때 혜선 쌤이 하셨던 말씀이 저절로 생각나면서 어디선가 선생님의 목소리가 들리는 것 같이 수업 시간에 하셨던 내용이 떠오르는 게 신기했어요.

★★★★★ **혜선 쌤의 야매꼼수는 G.o.a.t. 국어 만점으로 2023 지방직 교육행정 합격!**

박○○(네이버 카페)

저는 7~8월 'All in one 국어 전영역' 강의부터 기출, 동형 모의고사 순서대로 들었으며, 혜선 쌤에서 하시는 박문각 공무원 유튜브 생중계 무료 특강은 전부 들었습니다. 그리고 역공국어 네이버 카페에서 과제 인증, 공부 인증 꾸준히 하면 커리큘럼 효과가 2배가 됩니다. ㄹ으로 진짜로 truly. 혜선 쌤을 믿고 열공하시는 여러분 모두 좋은 결과 있을 테니까 절대 포기하지 마시고 쭉 달리세요!! 박문각 공무원의 국어 여신! 혜선 쌤~ 합격까지 도달하도록 함께 달려주셔서 감사합니다! 그리고 혜선 쌤 하프 모의고사는 최고의 국어 하프예요! 그때 연습한 거 다 시험에 나와서 정말 기뻤어요ㅋㅋㅋ '역시 믿고 듣는 혜선 쌤 커리'!!

★★★★★ **제일 많은 쌤들을 거친 과목인 국어! 혜선 쌤에게 정착하고는 2023 지방직 교육행정 합격!**

PPS(네이버 카페)

5과목 중 제일 많은 선생님을 거쳐 최종적으로 혜선 쌤을 만나 합격한 저는 혜선 선생님의 수업을 들으며 느꼈던 것들 위주로 합격수기를 적어보려고 합니다. 스파르타 일일 모의고사는 박문각 스파르타에 다니면서 가장 좋았던 커리큘럼 중 하나였습니다. 문법은 기본 이론을 듣고서는 기출에 특히 더 익숙해지고 암기해야 하는데 그만큼 휘발이 제일 강하다고 생각합니다. 그런데 부담스럽지는 않지만, 매일매일 문법 공부를 할 수 있어서 따로 암기를 하지 않아도, 문제를 풀고, 오답을 정리하는 것만으로도 이것이 점차 쌓이면 자연스럽게 암기가 되는 복습의 효과를 가장 많이 봤습니다. 심지어 여기서 적중 엄청 많이 되었어요!

★★★★★ **가장 효율적인 공부 방식은 혜선 쌤을 선택하는 것! 국어 고득점으로 2023 세무직 합격!**

최○○(박문각 온라인 사이트)

교재에 대해 말하자면 출좋포는 정말 혼자서 복습하기 좋은 구성으로 되어 있었습니다. 수업 중 강조한 부분이 챕터별 끝에 있어서 복습에 많은 시간을 할애할 수 없다면 마지막 출좋포에 있는 부분만이라도 확실하게 숙지한다면 문제 풀 때 모르는 내용이 없어서 신기할 정도였습니다! 그리고 선생님의 하프 모의고사는 진도별로 구성되어 있지만 독해, 문학, 문법, 한자가 고르게 출제되어 짧은 시간에 다양한 문제를 풀 수 있어서 문제 푸는 감을 잃지 않을 수 있었고 하프 모의고사의 상세한 해설지 덕분에 틀렸던 문제를 혼자 복습할 때도 모르는 개념 없이 익힐 수 있었습니다. 수업은 항상 활기차신 선생님 덕분에 암울하고 고된 수험 기간을 밝게 보낼 수 있었습니다.

"

2023 국가직 9급 7번

07 다음 글을 감상한 내용으로 가장 적절한 것은?

> 어이 못 오던가 무슴 일로 못 오던가
> 너 오는 길 위에 무쇠로 성(城)을 쓰고 성안에 담
> 쓰고 담 안에란 집을 짓고 집 안에란 뒤주 노
> 뒤주 안에 궤를 노코 궤 안에 너를 결박(結縛)
> 여 너코 쌍(雙)비목 외걸쇠에 용(龍)거북 ㅈ
> 로 수기수기 줌갓더냐 네 어이 그리 아니
> 오던가 훈 돌이 서른 날이여니 날 보라 올 하루
> 업스랴
>
> ─ 작자 미상, 「어이 못 오던가」 ─

① 동일 구절을 반복하여 '너'에 대한 섭섭한 감정을
   표출하고 있다.

② 날짜 수를 대조하여 헤어진 기간이 길다는 것을
   강조하고 있다.

③ 동일한 어휘를 연쇄적으로 나열하여 감정의 기
   복을 표현하고 있다.

④ 단계적으로 공간을 축소하여 '너'를 만날 수 있다
   는 희망을 표현하고 있다.

점수 신기록 상승 기출 204쪽 57번

[57~58] 다음 글을 읽고 물음에 답하시오.

(가) 내 무음 버혀 내어 뎌 둘을 밍글고져
    구만리(九萬里) 장천(長天)의 번드시 걸려 이셔
    ㉠고온 님 계신 고디 가 비최여나 보리라
    ─ 정철

    님 그린 상사몽(相思夢)이 실솔(蟋蟀)*의 넉시 되야
    추야장(秋夜長) 깁픈 밤에 님의 방(房)에 드럿다가
    ㉡날 닛고 깁피든 줌을 씌와 볼가 호노라
    ─ 박효관

(다) ㉢어이 못 오던가 무슴 일노 못 오던가
    너 오는 길에 무쇠 성(城)을 쓰고 성(城) 안에 담쓰고
    담 안에 집을 짓고 집 안에 두지 노코 두지 안에 궤(櫃)
    를 노코 그 안에 너를 필자형(必字形)으로 결박(結縛)
    호여 너코 쌍배목*의 걸쇠 금(金) 거북 자물쇠로 슈긔
    슈긔* 줌가 잇더냐 네 어이 그리 아니 오더니
    ㉣훈 히도 열두 둘이오 훈 둘 셜흔 날의 날 와 볼 홀니*
    업스랴
    ─ 작자 미상

* 실솔(蟋蟀): 귀뚜라미
* 쌍배목: 쌍으로 된 문고리를 거는 쇠
* 슈긔슈긔: 쑥쑥 혹은 깊이깊이
* 홀니: 하루가

57. (가)~(다)에 대한 이해로 가장 적절한 것은?

2017 교육행정직 7급

① (가)에서는 객관적 상관물을 통해 화자의 마음을 표현
   하고 있다.

② (나)에서는 자연물을 통해 화자와 임 사이의 거리감을
   부각하고 있다.

③ (다)에서는 연쇄법을 통해 화자의 위급한 상황을 드러
   내고 있다.

④ (가), (나), (다)에서는 단정적인 어조를 사용하여 주제
   를 강조하고 있다.

2023 지방직 9급 5번

05 (가)와 (나)를 이해한 내용으로 적절하지 않은 것은?

(가) 청산(靑山)은 내 뜻이오 녹수(綠水)는 님의 정
(情)이 녹수(綠水)ㅣ 흘너간들 청산(靑山)이야
변(變)ᄒᆞᆯ손가 녹수(綠水)도 청산(靑山)을
니저 우러 녜여 가ᄂᆞᆫ고.

(나) 청산(靑山)ᄂᆞᆫ 엇뎨ᄒᆞ야 만고(萬古)애 프르르
며 유수(流水)ᄂᆞᆫ 엇뎨ᄒᆞ야 주야(晝夜)애
아니ᄂᆞᆫ고 우리도 그치디 마라 만고상청(萬古
常靑)호리라.

① (가)는 '청산'과 '녹수'의 대조를 활용하여 화자가
처한 상황을 제시하고 있다.

② (나)는 시각적 심상과 청각적 심상을 활용하여 주
제를 강조하고 있다.

③ (가)와 (나) 모두 대구를 활용하여 시상을
고 있다.

④ (가)와 (나) 모두 설의적 표현을 활용하여
정서를 드러내고 있다.

2023 박혜선 국어 [1년을 4시간으로 압축] 최고 적중 고전운문 족집게 (23년 5월)

① 청산(靑山)은 내 뜻이오, 황진이

청산(靑山)은 내 뜻이오 녹수(綠水)는 님의 정(情)이,
녹수(綠水) 흘러간들 청산(靑山)이야 변(變)ᄒᆞᆯ손가.
녹수(綠水)도 청산(靑山)을 못 니져 우러 예어 가ᄂᆞᆫ고.

[현대어 풀이]
청산은 나의 뜻이요, 녹수는 임의 정이로다.
녹수야 흘러 흘러간다지만 청산이 녹수같이 변하겠는
가.
녹수도 청산을 잊지 못해 울며 흘러가는구나.

② 도산십이곡(陶山十二曲), 이황

청산(靑山)는 엇뎨ᄒᆞ야 만고(萬古)애 프르르며,
유수(流水)ᄂᆞ 엇뎨ᄒᆞ야 주야(晝夜)애 긋디 아니ᄂᆞᆫ고.
우리도 그치지 마라 만고상청(萬古常靑)호리라.

[현대어 풀이]
청산은 어찌하여 영원히 푸르며
흐르는 물은 어찌하여 밤낮 그치지 않는가?
우리 역시 그치지 말아 언제나 푸르리라

※ 본인의 학습과정에 따라 조절해 주세요.

주차	단원		어려운 내용	회독수						
1일	1시간	PART 01 고전 운문 읽는 방법	① _____							
	2시간	PART 02 고려 말 ~ 조선 초 CH.1 고려 왕조 의 멸망	② _____ ③ _____ ④ _____	☆	☆	☆	☆	☆	☆	☆
	3시간	PART 03 조선 전기 CH.1 자연 친화	⑤ _____							
2일	1시간	CH.2 지조와 절개	① _____							
	2시간	CH.3 양반과 기생의 사랑과 이별	② _____ ③ _____ ④ _____	☆	☆	☆	☆	☆	☆	☆
	3시간	CH.4 유교적인 덕목 (교훈)	⑤ _____							
3일	1시간	CH.5 술 마시는 풍류	① _____							
	2시간	CH.6 무인의 기상	② _____ ③ _____ ④ _____	☆	☆	☆	☆	☆	☆	☆
	3시간	CH.7 더 학습하기	⑤ _____							

주차	단원		어려운 내용	회독수						
4일	1시간	PART 04 조선 후기 CH.1 자연 친화	① _____	☆	☆	☆	☆	☆	☆	☆
	2시간	CH.2 유교적 덕목 (교훈)	② _____ ③ _____ ④ _____							
	3시간	CH.3 우국지정	⑤ _____							
5일	1시간	CH.4 사랑과 이별	① _____ ② _____ ③ _____	☆	☆	☆	☆	☆	☆	☆
	2시간	CH.5 사설시조	④ _____ ⑤ _____							

2024 출제자가 좋아하는 포인트만 배운다!
박혜선 국어 '만점 릴레이' 커리큘럼

 2024 亦功 국어 박혜선
정규 커리큘럼

단계별 커리큘럼		항상 실시되는 커리큘럼
최빈출 먼저 보고 시작할게요 [1단계: 초보입문]	시작! 초보자들의 능력 up(초능력)	[2단계] 출종포 어휘 한자 & [All In One 진도 맞춤] 만점 릴레이 적중 하프 & 스파르타 일일 모의고사 (매일 10문제씩) & 문법 출종포 80
亦시 성功하는 기본이론 필수 커리 [2단계: All In One]	만점 출종포 (문법, 문학, 독해)	
혜선쌤의 100% 적중 믿어요 [3단계: 적중 특강]	만점 출종포 짝수(문학, 독해) 최단기간 어문 규정 최단기간 고전 운문	
이론과 기출 분석을 한번에 잡아요 [4단계: 기출 분석]	개념도 새기는 기출(문법) 개념도 새기는 기출(문학) 개념도 새기는 기출(비문학)	
이론 요약 및 문풀 단권화를 해줘요 [5단계: 합격자 최고 추천]	콤팩트한 단원별 문제풀이 (콤단문) 문법 콤팩트한 단원별 문제풀이 (콤단문) 독해	
시간 절약 + 시험장 훈련 모의고사 시즌	파이널 적중 동형 모의고사	

1년을 4시간으로 압축하는 전매특허 적중특강

테마별 약점 격파 특강

영역별	1년을 4시간으로 압축
적중률 최고 문법	파이널 문법 출.종.포 시즌 1,2,3 최고 적중 띄어쓰기 족집게 최고 적중 문법 문제 풀이 최고 적중 고전문법 족집게 최빈출 표준어 규정 최고 적중률 문장 고쳐쓰기
적중률 최고 문학	최고 적중 고전운문 족집게 문학 출종포
적중률 최고 독해	최고 적중 독해 전영역 + PSAT 추론 추론 독해 (빈칸, 사례, 밑줄, PSAT 추론 등)
적중률 최고 어휘, 한자	최빈출 한자 성어 최빈출 고유어, 관용 표현 최빈출 2글자 한자 표기
적중률 최고 군무원 필수	2022 기출, 외래어, 로마자, 띄어쓰기 적중 특강

CONTENTS 이 책의 차례

PART 4　조선 후기

박혜선 최단기간 고전 운문

PART 01

고전 운문 읽는 방법

1. 읽을 줄 알아야 의미 파악이 가능하다. : 기본 − 소리 나는 대로 읽기 (표음주의)

① · (아래 아) = 첫째 음절 ❶_____
　　　　　　　둘째 음절 ❷_____, ❸_____, ❹_____

> 예 ᄆᆞᄋᆞ미 알프다. = ❺_____
> 　 자시ᄂᆞᆫ 창(窓)밧긔 = ❻_____
> 　 ᄌᆞᆷ 못 드러 = ❼_____

② ·l = ❽_____

> 예 막ᄃᆡ = ❾_____, 빈 = ❿_____, ᄃᆡ = ⓫_____

③ 어두 자음군

> 예 ᄈᆞᆯ = ⓬_____, ᄭᅮᆷ = ⓭_____, ᄯᅩ = ⓮_____, ᄲᅢᄃᆡ = ⓯_____

④ △ = ⓰_____

> 예 ᄀᆞᅀᆞᆯ = ⓱_____, 아ᅀᆞ = ⓲_____

❶ ㅏ　❷ ㅡ　❸ ㅗ　❹ ㅜ　❺ 마음이 아프다.　❻ 주무시는 창밖에　❼ 잠 못 들어　❽ ㅐ　❾ 막대　❿ 배
⓫ 데　⓬ 쌀　⓭ 꿈　⓮ 또　⓯ 때　⓰ ∅　⓱ 가을　⓲ 아우

⑤ 두음 법칙 적용해서 읽기

> 예 니르다 = ❶ _____ , 녀기다 = ❷ _____
>
> 넷 믈 = ❸ _____ 믈 / 춘풍(春風) 니블 = 춘풍 ❹ _____
>
> 큰 칼 녀픠 츠고 = 큰 칼 ❺ _____ 차고
>
> 술 닉쟈 = 술 ❻ _____자, 닢 = ❼ _____
>
> 청산(靑山)을 못 니져 = 못 ❽ _____

⑥ 이중 모음은 단모음으로 읽기

> 예 홀로 셔 이셔 = 홀로 ❾ _____
>
> 어졔 = 어❿ _____

⑦ 구개음화 적용해서 읽기

> 예 것츠로 눈믈 디고 = 겉으로 눈물 ⓫ _____고
>
> 구만 리 댱텬(長天) = 구만 리 ⓬ _____

2. 한자 시험이 아니니, 아는 것만 대입하자.

> 예 아마도 임천한흥(林泉閑興)을 비길 곳이 업세라.
>
> = 아마도 ⓭ _____을 비교할 곳이 없다.
>
> 밤중만 일편명월(一片明月)이 긔 벗인가 ᄒ노라.
>
> = 밤중만 ⓮ _____이 그 벗인가 하노라.
>
> 일엽편주(一葉片舟)를 만경파(萬頃波)에 띄워 두고
>
> = ⓯ _____를 ⓰ _____에 띄워 두고

✎ 정답

❶ 이르다 ❷ 여기다 ❸ 옛 ❹ 이불 ❺ 옆에 ❻ 익 ❼ 잎 ❽ 잊어 ❾ 서 있어 ❿ 제 ⓫ 지 ⓬ 장천
⓭ 자연의 흥 ⓮ 달 ⓯ 배 ⓰ 파도

3. 알아 놓으면 꿀인 관습적 상징물

① 해, 달, 별 = ❶ ________
햇빛, 달빛, 별빛 = ❷ ________의 ❸ ________
석양 = ❹ ________

1 삼동(三冬)에 뵈옷 닙고, 조식

삼동(三冬)에 뵈옷 닙고 암혈(巖穴)에 눈비 마자

구름 낀 볃뉘도 쐰 적이 업건마는,

서산(西山)에 히지다 ᄒᆞ니 눈물겨워ᄒᆞ노라.

현대어 풀이

한겨울 베옷 입고, 바위굴에서 눈비 맞고 있으며
구름 사이 비치는 햇살도 쬔 적 없지만
서산에 해가 졌다(=임금이 승하하였다)는 소식 들으니 눈물 나는구나.

혜선쌤이 한땀한땀 정리한 亦功 작품 정리

- 주제: 임금(중종)의 승하에 대한 슬픔과 안타까움, 연군지정(戀君之情)
- 정서와 태도: 임금의 승하를 슬퍼하고 안타까워함.
- 표현상 특징
  ① 격조 높은 표현으로 군신유의(君臣有義)를 드러냄.
  ② 화자의 처지, 시적 상황을 드러내려고 비유와 상징을 사용함.
  ③ 초장의 '뵈옷'과 '암혈(巖穴)'은 화자가 어떤 벼슬도 하지 않음을 나타낸 표현임.
  임금의 은총을 받지 않았어도 임금의 승하를 슬퍼하는 모습은 화자의 충정심을 알게 함.
- 문학사적 의의: 임금(중종)이 승하했다는 소식에 슬퍼하며 지은 연군가(戀君歌)임.

정답

❶ 임금 ❷ 임금 ❸ 선정 ❹ 왕조의 멸망

2 흥망(興亡)이 유수(有數)ᄒ니, 원천석

흥망(興亡)이 유수(有數)ᄒ니 만월대(滿月臺)도 추초(秋草)ㅣ로다.

오백년(五百年) 왕업(王業)이 목적(牧笛)에 부쳐시니,

석양(夕陽)에 지나는 객(客)이 눈물계워 ᄒ노라.

🔍 현대어 풀이

흥망성쇠 하늘에 달렸으니, 만월대도 가을 풀만 우거져 있다.
오백 년 왕업이 목동 피리 소리에 들어 있으니
석양에 지나는 나그네가 눈물겨워 하노라.

✏️ 혜선쌤이 한땀한땀 정리한 亦功 작품 정리

• 주제: 고려를 회고하며 무상감을 느낌.
• 시적 상황: 고려 멸망으로 조선이 건국되었을 시기
• 정서와 태도: 고려의 멸망에 애통함을 느낌.
• 표현상 특징
  ① 고려 멸망의 무상감을 청각적 이미지를 사용하여 표현함.
  ② 영탄법을 통해 안타까움을 강조함.
  ③ 은유법(만월대＝추초)을 사용해 주제를 구체화함.
  ④ '석양(夕陽)'은 '해가 진다, 고려 멸망'의 의미를 가지므로 중의법이 나타남.

② 구름 = ❶_____

---

3 구롬이 무심(無心)튼 말이, 이존오

> 구롬이 무심(無心)튼 말이 아마도 허랑(虛浪)ᄒ다.
>
> 중천(中天)에 쩌 이셔 임의(任意)로 돈니면셔
>
> 구틔야 광명(光明)ᄒᆫ 날빗츨 싸라가며 덥ᄂ니.

🔍 **현대어 풀이**

구름이 욕심이 없단 말은 너무 허무맹랑하다.(거짓이다.)
하늘 가운데에 떠 있어 마음대로 다니면서
굳이 밝은 햇빛을 따라가며 덮는구나.

✏️ 혜선쌤이 **한땀한땀** 정리한 **亦功** 작품 정리

- 주제 : 고려 말의 간신 신돈을 풍자함.
- 시적 상황 : 공민왕의 신뢰를 얻은 신돈이 횡포를 부림.
- 정서와 태도 : 어지럽고 혼탁한 현실을 탄식함.
- 표현상 특징
  ① '신돈'을 풍자하기 위해 상징적 표현을 사용함
  　예 1) 구름(= 나라를 혼탁한 상태로 만든 신돈 무리) 2) 광명한 날빛(=공민왕의 총명)
  ② '구름'을 의인화함.

✏️ 정답

❶ 간신

4 초암(草庵)이 적료(寂廖)ᄒᆞᆫ듸, 김수장

초암(草庵)이 적료(寂廖)ᄒᆞᆫ듸 벗 업시 혼자 안주

평조(平調) 한 닙히 백운(白雲)이 절로 존다.

언의 뉘 이 죠흔 쯧을 알 리 잇다 ᄒᆞ리오.

🔍 현대어 풀이

초가 암자 적적하고 고요한데 친구도 없이 혼자 앉아
낮은 시조 한 곡조에 흰 구름 절로 조는구나.
어느 누가 이렇게 좋은 삶 알 리 있겠는가?

✏️ 혜선쌤이 한땀한땀 정리한 亦功 작품 정리

• 주제: 자연과 일치되어 유유자적(悠悠自適)하게 사는 삶
• 시적 상황: 초암에서 혼자 시조를 읊음.
• 정서와 태도: 물아일체(物我一體)를 느낌.
• 표현상 특징
 ① 설의법을 통해 자연을 즐기는 자부심을 표현함.
 ② '백운'을 의인화하여 물아일체의 경지를 드러냄.
 ③ 자연적 삶을 강조하고자 '벗'과 '백운'을 대조함.
 ④ '죠흔 쯧'은 물아일체 하려는 화자의 태도를 강조함.

③ 매란국죽송(梅蘭菊竹松) = ❶_____와 ❷_____

백설(白雪)이 ㅈ자진 골에, 이색

백설(白雪)이 ㅈ자진 골에 **구루미** 머흐레라.

반가온 **매화(梅花)**ᄂ 어늬 곳에 픠엿는고

석양(夕陽)에 홀로 셔 이셔 갈 곳 몰라 ᄒ노라.

🔍**현대어 풀이**

백설 잦아진(＝사라진) 골짜기에 구름이 험하구나.
날 반길 매화가 어느 곳에 피어 있는가?
석양에 홀로 서 있어 갈 곳 몰라 한다.

✏️ 혜선쌤이 **한땀한땀** 정리한 **亦功** 작품 정리

• 주제: 고려에 대한 우국충정(憂國衷情)
• 시적 상황: 고려 왕조가 무너지고 있는 상황.
• 정서와 태도: 무너져 가는 고려 왕조에 대한 애통함.
• 표현상 특징
  ① 화자의 심정을 자연물을 이용해 우의적(＝간접적)으로 나타냄.
  ② '구름'과 '매화, 백설'을 대조하여 주제를 나타냄.
     '구름'은 이성계 일파를, '매화, 백설'은 고려 충신을 상징한다.
  ③ '석양(夕陽)'은 무너져 가는 고려를 상징함.
  ④ 방황 중인 지식인의 역사적인 괴로움, 고민이 드러남.

✏️**정답**

❶ 지조 ❷ 절개

6 눈 마자 휘어진 대를, 원천석

눈 마자 휘어진 대를 뉘라서 굽다튼고.

구블 절(節)이면 눈 속에 프를소냐.

아마도 세한 고절(歲寒孤節)은 너뿐인가 ᄒ노라.

현대어 풀이

눈을 맞고 휜 대나무 누가 굽었다 했던가?
굽힐 절개라면 눈 속에서 푸르겠는가?
아마 한겨울 추위에 굴하지 않는 절개는 너(＝대나무)뿐인가 하노라.

혜선쌤이 한땀한땀 정리한 亦功 작품 정리

• 주제: 고려 왕조에 대한 지조와 절개
• 시적 상황: 눈을 맞고 휘어 있는 대나무를 봄.
• 정서와 태도: 대나무같이 지조를 지킬 것을 다짐함.
• 표현상 특징
  ① 화자의 굳건한 의지를 강조하고자 의인과 상징을 사용함.
  ② '세한 고절(歲寒孤節)'은 굳은 절개를 강조함을 나타낸 단어로 대나무의 모습을 통해 어떤 상황
     이든 절개를 지키겠다는 화자 내면의 의지를 나타냄.
  ③ 설의법을 통해 주제를 강조함.

7 국화야, 너는 어이, 이정보 (단종과는 관련 없음)

국화야 너는 어이 삼월 동풍(三月東風) 다 지니고

낙목한천(落木寒天)에 네 홀로 픠엿는다.

아마도 오상고절(傲霜孤節)은 너뿐인가 ᄒᆞ노라.

현대어 풀이

국화야 넌 어찌 따뜻한 봄철 다 지나가고 나서야
낙엽이 떨어지는 추운 계절에 혼자 피어 있느냐?
아마도 서릿발도 꿋꿋하게 이겨내는 절개를 가진 이 너뿐인가 하노라.

혜선쌤이 한땀한땀 정리한 亦功 작품 정리

- 주제: 선비가 가진 지조와 절개를 예찬함.
- 시적 상황: 추운 가을에도 꽃을 피운 국화를 바라봄.
- 정서와 태도: 굳은 절개를 지키는 국화를 예찬함.
- 표현상 특징
  ① 설의법을 통해 주제를 강조함.
  ② 대상에 대한 친근감을 드러내고자 의인법을 사용함.
  ③ '오상고절(傲霜孤節)'로 국화의 지조, 절개를 예찬함.
- 문학사적 의의: 이정보가 은거 생활을 할 때 소동파의 시구를 생각하며 지어낸 작품임.

④ 백구(白鷗)(갈매기) = ❶_____

　 도화(桃花)(도연명의 고사) = ❷_____, ❸_____

8　백구(白鷗)ㅣ야 말 무러보쟈, 김천택

백구(白鷗)ㅣ야 말 무러보쟈 놀라지 마라스라

명구승지(名區勝地)를 어듸어듸 ㅂ렷ᄃ니

날ᄃ려 자세(仔細)히 닐러든 네와 게 가 놀리라

🔍 **현대어 풀이**

백구야 말 좀 물어보자. 놀라지 마라.
경치 좋은 곳 어디어디 벌려 있더냐.
내게 자세하게 일러 주면 너랑 그곳 가서 놀리라.

✏️ **혜선쌤이 한땀한땀 정리한 亦功 작품 정리**

• 주제 : 자연과 물아일체를 원하는 마음
• 시적 상황 : 갈매기를 향해 대화를 시도함.
• 정서와 태도 : 자연에서 풍류를 즐김
• 표현상 특징
　① 말을 건네는 어조로 시상을 전개하였음.
　② 설의법을 통해 자연을 예찬함.
　③ 의인법을 통해 자연친화적 삶을 드러냄.

✏️ **정답**

❶ 자연 친화 ❷ 자연 친화 ❸ 간신

9 두류산(頭流山) 양단수(兩端水)를, 조식

두류산(頭流山) 양단수(兩端水)를 녜 듯고 이제 보니

도화(桃花) 뜬 묽은 물에 산영(山影)조촛 잠겻셰라.

아희야 무릉(武陵)이 어듸오 나는 옌가 ᄒ노라.

🔍 현대어 풀이

지리산 양단수 예전에 듣고 이제 와 보니
복숭아꽃이 뜬 맑은 물에 산 그림자도 잠겼구나.
아이야, 무릉도원 어디냐, 나는 여기인가 하노라.

✏ 혜선쌤이 **한땀한땀** 정리한 **亦功** 작품 정리

- 주제: 지리산 양단수에 와서 느낀 자연 풍경을 찬양함.
- 시적 상황: 지리산 양단수에서 자연을 누리고 있음.
- 정서와 태도: 아름다운 자연의 풍경을 보면서 마치 무릉도원에 온 듯하다고 느낌.
- 표현상 특징
  ① 문답법을 통하여 자연의 아름다움에 매료된 화자의 정서를 드러냄.
  ② 종장의 '무릉(武陵)'은 『도화원기(桃花園記)』의 고사를 인용하여 이상적인 세상으로 지리산 양단수의 아름다움을 표현한 것임.

⑤ 접동새＝자규(子規)＝귀촉도(歸蜀道)＝두견(杜鵑)： ❶ _____

🔟 쑴에나 님을 볼려, 호석균

쑴에나 님을 볼려 잠 일울가 누엇드니

시벽 달 지시도록 자규성(子規聲)을 어이흐리.

두어라 단장춘심(斷腸春心)은 너나 내나 달으리.

🔍 현대어 풀이

꿈에서나 님 볼까 하여 잠 이룰까 누웠는데
새벽 달 지새도록 들리는 두견새의 울음소리 어이하리.
두어라 봄기운에 오히려 슬픔이 벅찬 것 너랑 내가 다르겠느냐.

✏️ 혜선쌤이 **한땀한땀** 정리한 **亦功** 작품 정리

- 주제 : 이별의 정한, 임에 대한 그리움
- 시적 상황 : 꿈을 통해서라도 임이 보고 싶지만 밤동안 울고 있는 두견새 소리에 잠을 못 이룸.
- 정서와 태도 : 임을 그리워하는 슬픈 마음이 나타남.
- 표현상 특징
  ① 한의 정서와 임을 향한 그리움을 보여주고자 접동새에 감정 이입함.
  ② 설의법을 통해 정서를 강조함.
  ③ 시각, 청각적 이미지를 감각적으로 드러냄.
- 문학사적 의의 : 『청구영언』을 통해 전해 내려오는 호석균의 시조 16수 중 하나임.

❶ 정한

11 다정가(多情歌), 이조년

이화(梨花)에 월백(月白)ᄒ고 은한(銀漢)이 삼경(三更)인 제,

일지춘심(一枝春心)을 자규(子規) ㅣ 야 아랴마ᄂᆞᆫ

다정(多情)도 병(病)인 냥ᄒ여 좀 못 드러 ᄒ노라.

🔍 현대어 풀이

하얗게 핀 배꽃에 달빛 은은하게 비추고 은하수는 돌아 자정을 알리는 때에
나뭇가지에 맺힌 봄의 정서 소쩍새는 어찌 알까마는
다정한 것 역시 병인 듯하여, 잠 이루지 못하노라.

✏️ 혜선쌤이 한땀한땀 정리한 亦功 작품 정리

• 주제 : 봄날 밤의 애상적 마음
• 정서와 태도 : 아름답게 펼쳐진 경치와 반대되는 근심, 걱정으로 인한 애상적인 정서
• 표현상 특징
  ① '일지춘심(一枝春心)'을 통해 나뭇가지에 서린 봄날 밤의 애상적 마음을
     '이화', '자규'라는 상징적인 사물로 구체화함.
  ② '자규(＝접동새)'를 의인화함.
  ③ 시각적 · 청각적 이미지의 조화를 통해 화자의 애상적 정서를 절묘하게 나타냄.
• 문학사적 의의 : 고려 시대 시조 중 정서적 측면이나 표현법에서 문학성이 가장 뛰어난 작품임.

⑥ 실솔(蟋蟀 귀뚜라미) = ❶ _____

12 님 그린 상사몽(相思夢)이, 박효관

님 그린 상사몽(相思夢)이 실솔(蟋蟀)의 넉시 되어

추야장(秋夜長) 깁픈 밤에 님의 방(房)에 드럿다가

날 잇고 깁피든 잠을 씌와볼가 ᄒ노라.

🔍 현대어 풀이
임을 그리워하는 꿈이 귀뚜라미의 넋 되어서
기나긴 가을밤에 임의 방에 들었다가
날 잊고 깊이 든 잠 깨워 볼까 하노라.

✏️ 혜선쌤이 한땀한땀 정리한 亦功 작품 정리

• 주제: 임을 향한 간절한 그리움과 사랑
• 시적 상황: 임과 헤어지고 나서 임을 만나고 싶은 마음을 드러냄.
• 정서와 태도: 임을 원망하면서도 그리워함.
• 표현상 특징
  ① 추상적인 감정인 연정(戀情)을 '귀뚜라미'로 구체화함.
  ② '귀뚜라미'는 의인화됨.
  ③ '실솔(蟋蟀)의 넉'은 임을 향한 그리움을 귀뚜라미에 이입시키며 귀뚜라미의 넋이 되어서라도 임과 함께하고 싶다는 화자의 심정을 드러냄.
  ④ '귀뚜라미'=1) 화자와 임의 매개체 2) 화자의 분신 3) 연정

✏️ 정답
❶ 이별의 정한

4. 꼭 알아야 하는 고전 필수 어휘

1. 용언(1)
   ① 하다 = ❶_____, ❷_____ / ᄒ다 = ❸_____
   　좋다 = ❹_____, ❺_____ / 둏다 = ❻_____

🔟 술은 어이ᄒ야 됴ᄒ니, 윤선도

> 술은 어이ᄒ야 됴ᄒ니 누룩 섯글 타시러라
>
> 국은 어이ᄒ야 됴ᄒ니 염매(鹽梅) 틀 타시러라
>
> 이 음식 이 뜯을 알면 만수무강(萬壽無疆)ᄒ리라

🔍 현대어 풀이

술은 어찌하여 좋은가 누룩 섞은 탓이로다.
국은 어찌하여 좋은가 염매(鹽梅) 탄 탓이로다.
이 음식 이 뜻을 알면 만수무강 하리라

✏️ 혜선쌤이 한땀한땀 정리한 亦功 작품 정리

• 주제 : 임의 만수무강을 기원함. 임금과 신하의 화합과 조화
• 표현상 특징
  ① 문답법을 통해 주제를 강조함.
  ② 대구법을 통해 운율을 형성함.

✏️ 정답

❶ 많다　❷ 크다　❸ 하다(=do)　❹ 깨끗하다　❺ 좋아하다　❻ 좋아하다

② 괴다 = **❶**_____, 얼다 = **❷**_____

14 북창(北窓)이 몱다커늘, 임제

> 북창(北窓)이 몱다커늘 우장(雨裝) 업시 길을 난이
>
> 산(山)에는 눈이 오고 들에는 춘비로다.
>
> 오늘은 춘비 맛잣시니 얼어 잘까 ᄒ노라.

🔍 현대어 풀이

북쪽 하늘이 맑다고 하여 비옷 없이 길에 나섰더니,
산에 눈 오고 들에 차가운 비 내리는구나.
오늘 차가운 비 맞았으니 얼어 잘까 하노라.

✏️ 혜선쌤이 **한땀한땀** 정리한 亦功 작품 정리

• 주제: 임을 향한 구애(求愛)
• 시적 상황: 기생 '한우'를 만나 사랑을 표현함.
• 정서와 태도: 기생 '한우'에게 구애함.
• 표현상 특징
　① 임을 향한 연정의 마음을 해학성 있게 나타냄.
　② 중의법이 쓰임을 알 수 있음.
　≫ '춘비' = 1) '차가운 비 2) 기생 한우(寒雨)의 이름'
　　'얼어 잘까' = 1) 찬 비를 맞은 언 몸인 채로 잘까 2) 한우와 정을 통할까
　③ 대구법을 통해 운율을 형성함.
• 문학사적 의의: 사대부가 기녀에게 사랑의 마음을 나타내는 구애가의 대표적 작품임.

 정답

❶ 사랑하다 **❷** 정을 통하다

15 어이 얼어 잘이, 한우

어이 얼어 잘이 므스 일 얼어 잘이
원앙침(鴛鴦枕) 비취금(翡翠衾) 어듸 두고 얼어 잘이
오늘은 춘비 맛자시니 녹아 잘까 ᄒ노라.

🔍 **현대어 풀이**

어찌 얼어 자겠습니까. 무슨 일로 얼어 자겠습니까.
원앙새 수놓은 베개와 비취색 비단 이불 어디에 버려 두고, 이 밤 얼어 자려 하십니까.
오늘 그대는 찬비 맞고 오셨으니 덥게 몸 녹여 가며 자야 할 것입니다.

✏️ **혜선쌤이 한땀한땀 정리한 亦功 작품 정리**

- 주제: 임의 은근한 구애(求愛)를 받아들임.
- 시적 상황: 자신에게 구애의 뜻을 보낸 임에게 화답함.
- 정서와 태도: 임의 구애를 은근하게 말하며 화답함.
- 표현상 특징
  ① 춘비'에 중의적 표현이 드러남.
    » 춘비=1) 차가운 비 2) 기생 이름
  ② '녹아 잘까'는 한우가 임제의 은근한 구애를 우의적으로 허락한 표현임.
  ③ 설의법을 통해 주제를 강조함.

  ③ 이시다 = ❶_____
  ④ 녀다(녜다) = ❷_____, ❸_____, ❹_____

16 도산십이곡, 이황

당시(當時)에 녀던 길흘 몃 ᄒ를 ᄇ려 두고,
어듸 가 ᄃ니다가 이제사 도라온고.
이제야 도라오나니 녀 듸 ᄆᄉ 마로리.

🔍 **현대어 풀이**

그 당시 가던 길 몇 해씩이나 버려두고
어디 가 다니다가 이제서야 돌아왔는가?
이제서야 돌아왔으니 딴 마음 먹지 않으리.

✏️ **정답**

❶ 있다 ❷ 가다 ❸ 살다 ❹ 있다

✎ 혜선쌤이 한땀한땀 정리한 亦功 작품 정리

- 주제: 자신을 도야하고 학문 수양에 정진하겠다는 각오.
- 표현상 특징
  ① 설의법을 통해 주제를 강조함.
  ② 연쇄법을 통해 운율을 형성함.
- 문학사적 의의: 성리학에 능통한 작가가 자신의 삶의 방식과 가치관을 드러낸 작품으로, 유학자가 조선 전기 연시조가 발전하는데 기여했다는 것을 알 수 있게 함.

⑤ 혀다 = ❶＿＿＿＿＿＿

17 방(房) 안에 혓는 촉(燭)불, 이개

방(房) 안에 혓는 촉(燭)불 눌과 이별(離別)ㅎ엿관딕

것츠로 눈물 디고 속 타는 줄 모로는고.

뎌 촉불 날과 갓트여 속 타는 줄 모로도다.

🔍 현대어 풀이

방 안에 켜 있는 촛불이 누구와 이별하였기에
겉은 눈물 흘리면서 속은 타 들어가는 줄을 모르는가?
저 촛불 역시 나와 같아 속 타는 줄 모르는구나.

✎ 혜선쌤이 한땀한땀 정리한 亦功 작품 정리

- 주제: 임금(단종)과 이별한 이후의 슬픔
- 시적 상황: 임금(단종)의 유배로 임금과 이별함.
- 정서와 태도: 임금(단종)과의 이별로 인한 탄식과 슬픔
- 표현상 특징
  ① 여성적인 어조와 더불어 의인법(촛불의 눈물 = 촛농)을 사용함.
  ② 감정 이입을 통해 이별의 슬픔을 나타냄(형상화).
  ③ 설의법을 통해 주제를 강조함.

✎ 정답

❶ 켜다

⑥ 니르다 = **❶** _____ (= _____)

⑦ 머흘다 = **❷** _____

18 사미인곡(思美人曲) – 본사 2, 정철

원앙금(鴛鴦衾) 버혀 노코 오식션(五色線) 플텨 내여

금자히 견화이셔 <u>님의</u> 옷 지어 내니

슈품(手品)은ㅋ니와 제도(制度)도 ᄀ줄시고

산호슈(珊瑚樹) 지게 우희 빅옥함(白玉函)의 다마 두고

님의게 보내오려 님 겨신 ᄃᆡ ᄇᆞ라보니

<u>산(山)</u>인가 <u>구롬</u>인가 머흐도 머흘시고

천리만리((千里萬里) 길흘 뉘라셔 ᄎᆞ자갈고

니거든 여러 두고 날인가 반기실가

🔍 현대어 풀이

원앙 무늬 비단을 베어놓고 오색실을 풀어내어
금자로 재어서 님의 옷을 지어 내니
솜씨는 말할 것도 없고 격식도 갖추었구나
산호수 지게 위의 백옥함에 담아두고
님에게 보내려고 님 계신 곳을 바라보니
산인지 구름인지 험하기도 험하구나
천만리나 되는 길을 누가 찾아갈까
가거든 열어 두고 나인가 반기실까

✏️ 정답

❶ 이르다(=말하다)   **❷** 험하다

혜선쌤이 **한땀한땀** 정리한 亦功 작품 정리

- 갈래: 양반 가사, 서정 가사
- 시대: 조선 선조(16세기 말)
- 제재: 연군지정(戀君之情)
- 주제: 임금을 향한 변하지 않는 마음(충성)과 사랑
- 성격: 서정적, 여성적
- 표현상 특징
  ① 시간의 흐름(계절 변화)에 따른 시상 전개
  ② 비유와 상징을 사용
  ③ 3(4)·4조, 4음보 연속체
- 의의
  ① <속미인곡>의 전편으로 두 편 모두 가사 문학의 대표적인 작품으로 평가됨.
  ② 우리말을 아름답게 작품에 녹임.
  ③ 정서의 <정과정곡>의 맥을 이음.

* 출전: ≪송강가사≫

⑧ 헌스하다 = ❶ _____

19 상춘곡(賞春曲) – 본사 1, 정극인

엇그제 겨을 지나 새봄이 도라오니 / 桃도花화 杏행花화는 夕석陽양裏리예 퓌여 잇고

綠녹楊양芳방草초는 細세雨우 中중에 프르도다 / 칼로 몰아 낸가 붓으로 그려 낸가

造조化화神신功공이 物물物물마다 헌스롭다

수풀에 우는 새는 春춘氣기를 믓내 계워

소리마다 嬌교態태로다

🔍 현대어 풀이

엇그제 겨울이 지나고 새봄이 돌아오니, / 복숭아꽃과 살구꽃은 저녁놀 속에 피어 있고,
푸른 버들과 꽃다운 풀은 가랑비 속에 푸르구나. / 이 경치는 칼로 마름질해 내었는가, 붓으로 그려 내었는가.
조물주의 신비로운 솜씨가 사물마다 야단스럽구나.
수풀 속에 우는 새는 봄기운을 못 이겨
소리마다 아양을 부리는 모습이구나.

✏️ 혜선쌤이 한땀한땀 정리한 亦功 작품 정리

• 갈래 : 서정 가사, 정격 가사, 양반 가사
• 시대 : 조선 성종(15세기)
• 제재 : 봄의 풍경
• 주제 : 봄의 풍경과 자연친화
• 성격 : 서정적, 묘사적, 자연친화적, 예찬적
• 특징
    ① 대구법을 통해 운율을 형성함.
    ② 의인법을 통해 주제를 강조함.
    ③ 감정 이입을 통해 정서를 강조함.
    ④ 3(4) · 4조, 4음보 연속체
* 출전 : ≪불우헌집≫

✏️ 정답

❶ 야단스럽다.

⑨ 삼기다 = **❶** _____, **❷** _____

20 내히 죠타 ᄒ고, 변계량

내히 죠타 ᄒ고 ᄂᆞᆷ 슬흔 일 ᄒ지 말며

ᄂᆞᆷ이 ᄒᆞ다 ᄒ고 의(義) 아니면 좃지 말니

우리ᄂᆞᆫ 천성(天性)을 직희여 삼긴 대로 ᄒ리라.

🔍 현대어 풀이

나 좋다고 남이 싫어하는 일을 하지 말 것이며,
남 한다고 하여 옳지 못한 일 따라하지 말 것이니
우리의 타고난 성품 잘 지키며 생긴 대로 살아가리라.

✏️ 혜선쌤이 **한땀한땀** 정리한 **亦功** 작품 정리

• 주제: 의로움을 가지고 천성을 지키며 살겠다는 자세[솔성(率性)].
• 시적 상황: 자기 성품을 지키고 바르게 살겠다고 다짐함.
• 정서와 태도: 올바르게 살겠다는 각오와 마음을 드러냄.
• 표현상 특징
  ① '천성(天性)을 직희여'는 구체적으로 주제를 보여 줌.
  ② 대구법을 통해 운율을 형성함.

❶ 만들다 **❷** 생기다

⑩ 글히다 = ❶ _____, ❷ _____

⑪ 디다 = ❸ _____

21 정석가(鄭石歌) – 일부 발췌, 작자 미상

구스리 바회예 디신돌

긴힛돈 그츠리잇가

즈믄 히룰 외오곰 녀신돌

신(信)잇돈 그츠리잇가.

🔍 현대어 풀이

구슬이 바위에 떨어진들
끈이야 끊어지겠습니까.
천 년을 외따로이 살아간들
믿음이야 끊어지겠습니까.

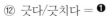

⑫ 긋다/긋치다 = ❶ _____

22 규원가(閨怨歌) - 일부 발췌, 허난설헌

三三五五(삼삼오오) 冶遊園(야유원)의 새 사람이 나단 말가.

곳 피고 날 저믈 제 定處(정처) 업시 나가 잇어,

白馬金鞭(백마 금편)으로 어듸어듸 머무는고.

遠近(원근)을 모르거니 消息(소식)이야 더욱 알랴.

因緣(인연)을 긋쳐신들 싱각이야 업슬소냐.

🔍 현대어 풀이

삼삼오오 다니는 술집에 새 기생이 나타났다는 말인가?
꽃 피고 날 저물 때 정처 없이 나가서
호사스러운 행장을 하고 어디어디 머물러 노는가?
먼지 가까운지 모르는데 소식을 더 알 수 있으랴
인연을 끊었다지만 임에 대한 생각이야 없을 것인가?

✏️ 혜선쌤이 한땀한땀 정리한 亦功 작품 정리

• 주제 : 남편에 대한 원망
• 성격 : 원망적, 체념적, 한탄적
• 의의
  ① 현전하는 최고(最古)의 여류 가사, 내방 가사, 규방 가사
  ② 남성 귀족층에게 한정되었던 가사 작곡이 여성으로까지 확장됨.
  ③ 설의법을 통해 의미를 강조함.
* 출전 : ≪고금가곡≫

✏️ 정답

❶ 끊다/끊기다

⑬ 벼기다 = ❶_____, ❷_____

23 정과정(鄭瓜亭), 정서

벼기더시니 뉘러시니잇가

과(過)도 허믈도 천만(千萬) 업소이다

물힛마리신뎌

슬읏븐뎌 아으

니미 나롤 하마 니즈시니잇가

아소 님하 도람 드르샤 괴오쇼셔

▶ 결: 애원과 소망

🔍 현대어 풀이

(내가 죄가 있다고) 우기시는 이가 누구입니까
잘못도 허물도 전혀 없습니다.
뭇 사람들의 말입니다.
슬프구나. 아으
님이 나를 벌써 잊으셨습니까?
아소 님아, 돌이켜 들으시어 사랑해 주소서.

🖊 혜선쌤이 한땀한땀 정리한 亦功 작품 정리

• 주제: 임금을 향한 변함없는 충절
• 성격: 애상적, 충신연주지사, 유배시
• 시대: 고려 의종
• 제재: 임과의 이별(참소와 유배)
• 표현상 특징
  ① 영탄법을 통해 정서를 강조함.
  ② 설의법을 통해 의미를 강조함.
• 출전: ≪악학궤범≫

🖊 정답

❶ 우기다 ❷ 모함하다

PART 01

⑭ 버히다 = **❶**_____

24 동지(冬至)ㅅ돌 기나긴 밤을, 황진이

동지(冬至)ㅅ돌 기나긴 밤을 한 허리를 버혀 내여

춘풍(春風)니블 아레 <u>서리서리</u> 너헛다가

어론 님 오신 날 밤이여든 <u>구뷔구뷔</u> 펴리라.

🔍 현대어 풀이

동짓달 기나긴 밤의 한가운데를 베어 내어
봄바람같이 따뜻한 이불 속에 서리서리 넣어 뒀다가
정든 임 오시는 날 밤이 되거든 굽이굽이 펴리라.

✏️ 혜선쌤이 **한땀한땀** 정리한 **亦功** 작품 정리

• 주제 : 임을 그리워하고 사랑함을 드러냄.
• 시적 상황 : 사랑하는 사람과 이별한 상황
• 정서와 태도 : 절실하게 임을 기다리며 임을 그리워하는 모습이 미래를 상상하는 것을 통해 표현됨.
• 표현상 특징
 ① 음성 상징어를 통해 운율을 형성함.
 ② 임과 오래 있고 싶음을 추상적 개념의 구체화로 표현함.

✏️ 정답

❶ 베다

2. 용언(2)

   ① 어리다 = **❶**_____

---

1 산슈간(山水間) 바회 아래 쮜집을 짓노라 ᄒ니

  그 <u>모론</u> 눔들은 온는다 흔다마는

  어리고 햐암의 쁫의는 내 분(分)인가 ᄒ노라.

                                  - 윤선도, 만흥

🔍 **현대어 풀이**

산과 물 사이 바위 아래 초가집을 지으려 하니,
그 뜻을 모르는 남들은 비웃는다지만
어리석은 시골뜨기의 생각에는 이것이 내 분수에 맞는 일인가 하노라.

                                    ▶ 제1수 〈안분지족(安分知足)〉

✏️ **정답**

❶ 어리석다

② 슬허하다 = ❶_____, _____ / 슳다(슬ᄒ다) = ❷_____

25 꿈에 단니는 길히, 이명한

꿈에 단니는 길히 즈최 곳 나량이면

님의 집 창(窓)밧기 석로(石路)라도 달으련마ᄂᆞᆫ

꿈길이 즈최 업스니 그를 슬허ᄒ노라.

🔍 현대어 풀이
꿈에 다니는 길 자취라도 남는다면
임의 집 창밖으로 난 길 돌길이라 해도 다 닳았겠으나
꿈 속에 다니는 길엔 자취 남지 않아서 그것 슬퍼하노라.

✏️ 혜선쌤이 한땀한땀 정리한 亦功 작품 정리
• 주제: 임을 간절히 그리워함.
• 시적 상황: 임과 헤어지고 만나지 못하는 상황.
• 정서와 태도: 임이 자신의 사랑을 알아주지 못하여 안타까워함.
• 표현상 특징: 임에 대한 그리움을 강조하고자 '꿈'이라는 상황을 가정하고 과장된 표현을 활용함.
• 문학사적 의의: 임에 대한 그리움을 표현한 것이 이옥봉이 지은 「몽혼」에서 보이는 것과 유사하게
　　　　　　　　과장된 표현으로 나타나 있음.

③ 외다 = ❸_____, _____

✏️ 정답
❶ 슬퍼하다, 싫어하다　❷ 싫다　❸ 그르다, 잘못되다

④ 새오다 = ❶ _____

26 가마귀 싸호는 골에, 정몽주의 모친

가마귀 싸호는 골에 백로(白鷺) ㅣ야 가지 마라.

셩낸 가마귀 흰빗츨 새오나니,

청강(淸江)에 좋이 시슨 몸을 더러일까 ᄒ노라.

🔍 현대어 풀이

까마귀 싸우는 골짜기에 백로야 가지 마라.
성난 까마귀 흰빛 시기하니
맑은 강물에 깨끗이 씻은 몸 더럽힐까 걱정하노라.

✏️ 혜선쌤이 한땀한땀 정리한 亦功 작품 정리

- 주제: 아들 정몽주에게 절의를 지키고 이성계 일파를 조심하라고 당부함.
- 시적 상황: 정몽주가 이성계 무리와 맞서고 있음.
- 정서와 태도: 정몽주에게 의리, 절개를 지킬 것을 부탁함.
- 표현상 특징
  ① 까마귀와 백로에 색채 대비가 드러나 주제를 강조함.
  ② '청강(淸江)에 좋이 시슨 몸'이라는 구절은 정몽주가 지켜야 할 가치관을 보여 줌.
  ③ 말을 건네는 어조로 시상을 전개함.

✏️ 정답

❶ 시샘하다

⑤ 씌우다 = ❶_____

功名(공명)도 날 씌우고, 富貴(부귀)도 날 씌우니,

淸風明月(청풍 명월) 外(외)에 엇던 벗이 잇ᄉ올고,

簞瓢陋巷(단표누항)에 흣튼 혜음 아니 ᄒᆞ닉.

아모타, 百年行樂(백년행락)이 이만흔들 엇지ᄒᆞ리.

- 정극인, 〈상춘곡(賞春曲)〉

⑥ 여희다 = ❷_____

삭삭기 셰몰애 별헤 나ᄂᆞᆫ

구은밤 닷되를 심고이다

그바미 우미도다 삭나거시아

有德ᄒᆞ신 님믈 여희ᄋᆞ와지이다

- 정석가

🔍 현대어 풀이

바삭바삭 가는 모래 벼랑에
구운 밤 닷되를 심습니다.
그 밤이 움이 돋아 싹이 나야
유덕하신 임과 이별하겠습니다.

✏️ 정답

❶ 꺼리다 ❷ 이별하다

⑦ 늣기다 = ❶_____

27 하하 허허 흔들, 권섭

하하 허허 흔들 내 우음이 졍 우움가

하 어쳑 업서서 늣기다가 그리 되게

벗님닉 웃디를 말구려 아귀 쁴여디리라.

🔍 현대어 풀이

하하 허허 하고 있다고 내 웃음 진정한 웃음인가?
하도 어처구니없어서 울다가도 그리 웃네.
사람들이여 웃지 말구려, 입이 찢어지리라.

✏️ 혜선쌤이 **한땀한땀** 정리한 *亦功* 작품 정리

• 주제 : 진정으로 웃을 수 없는 현실에 대한 비판과 풍자.
• 정서와 태도 : 세상이 부정의 현실임에 대한 비판과 냉소를 보임.
• 표현상 특징
  ① 1수에서 설의법을 사용하여 냉소적인 인식을 보여 줌.
  ② 1수에서 웃음을 표현하려고 의성어를 사용함.
  ③ 3수에서 대상을 비판하려고 비속어와 과장법을 사용함.
• 문학사적 의의 : 혼탁한 현실을 불러일으킨 부정적 세력을 향해 비판하는 연시조 중 한 편임.

✏️ 정답

❶ 흐느끼다

⑧ 싀어디다 = ❶ _____, ❷ _____

므음의 미쳐 이셔 골슈(骨髓)의 쎄텨시니 / 편쟉(扁鵲)이 열히 오다 이 병을 엇디흐리

어와 내 병이야 이 님의 타시로다. / 출하리 **싀어디여 범나븨** 되오리라

곳나모 가지마다 간 딕 죡죡 안다가 / 향 므틴 늘애로 님의 오시 올므리라

님이야 날인 줄 모르셔도 내 님 조추려 흐노라

– 정철, 사미인곡(思美人曲) 결사

🔍 **현대어 풀이**

마음 속에 맺혀 있어 뼛속까지 사무쳤으니 / 편작이 열 명이 온다 해도 이 병을 어찌하리
아 내 병이야 이 님의 탓이로다 / 차라리 사라져서 호랑나비가 되리라
꽃나무 가지마다 가는 곳 족족 앉았다가 / 향 묻은 날개로 님의 옷에 앉으리라
님이야 나인 줄 모르셔도 나는 님을 좇으려 하노라

🖊 **정답**

❶ 사라지다 ❷ 죽어 없어지다

⑨ 무심(無心)하다 = ❶ _____

28 어부가(漁父歌), 이현보

> ② 굽어는 천심녹수(千尋綠水) 돌아보니 만첩청산(萬疊靑山)
>
> 십장홍진(十丈紅塵)이 엇매나 가렸는고
>
> 강호(江湖)에 월백(月白)하거든 더옥 무심(無心)하여라.

🔍 현대어 풀이

굽어보니 천 길이나 되는 푸른 물, 돌아보니 겹겹이 둘러쌓인 푸른 산,
속세의 먼지가 얼마나 가렸는가?
자연 속에 달이 밝게 비치니 더욱 욕심 없구나.

✏️ 혜선쌤이 한땀한땀 정리한 亦功 작품 정리

• 주제 : 자연 속에서 유유자적(悠悠自適)함.
• 시적 상황 : 어부가 배 타고 자연을 벗 삼고 흥취를 느낌.
• 정서와 태도 : 한가롭고 여유로운 삶을 즐기지만 나라 걱정 또한 잊지 않음
• 표현상 특징
  ① 설의법을 통해 주제를 강조함.
  ② <제2수>에 나오는 '무심(無心)'은 속세에 미련이 없음을 의미해 인간 세상을 잊고 살려는 화자의 태도를 보여줌.
• 문학사적 의의 : 고려 때부터 전해지는 「어부가(漁父歌)」를 이현보가 개작한 것으로, 조선 중기 시조 작가 윤선도의 「어부사시사(漁父四時詞)」에도 영향을 주었다고 알려짐.

✏️ 정답

❶ 욕심이 없다

PART 01

29 추강(秋江)에 밤이 드니, 월산대군

추강(秋江)에 밤이 드니 물결이 ᄎ노ᄆᆡ라

낙시 드리치니 고기 아니 무노ᄆᆡ라

무심(無心)ᄒᆞᆫ ᄃᆞᆯ빗만 싯고 빈 ᄇᆡ 저어 오노라.

🔍 현대어 풀이

가을 강에 밤 드니 물결 차갑구나.
낚시 드리우니 고기는 물지 않는구나.
욕심 없는 달빛 싣고 빈 배 노 저어 오노라.

✏️ 혜선쌤이 한땀한땀 정리한 亦功 작품 정리

• 주제 : 세속적인 감정을 초월한 무욕의 경지
• 시적 상황 : 가을밤에 낚시를 하나 성과 없이 배에 달빛만 비친 채로 돌아옴.
• 정서와 태도 : 가을밤에 공허함을 느끼며 세속적인 욕심을 버림.
• 표현상 특징
  ① '추강' 'ᄎ노매라'에 쓸쓸한 가을과 관련된 시어를 넣어 화자의 공허함과 쓸쓸함을 강조함.
  ② 초장과 중장이 대구를 이루며 운율감을 살림.
  ③ 종장의 '무심(無心)ᄒᆞᆫ ᄃᆞᆯ빗'은 세속적인 욕심을 버린 화자의 정서를 나타냄.
• 문학사적 의의 : 왕위를 동생인 성종에게 내어줘야 했던 월산대군이 권력 욕구를 초월하고 자연에서 여유롭게 살겠다는 마음을 드러낸 작품임.

⑩ 혜다 = ❶ _____ , ❷ _____

✏️ 정답
❶ 헤아리다 ❷ 생각하다

3. 명사

① 홍진(紅塵), 인간 = ❶ _____

紅塵(홍진)에 뭇친 분네 이내 生涯(생애) 엇더혼고,

녯 사룸 風流(풍류)를 미출가 못 미출가.

천지간(天地間) 남자(男子) 몸이 날만흔 이 하건마는

산림(山林)에 뭇쳐 이셔 지락(至樂)을 모를 것가.

— 정극인, 상춘곡(賞春曲)

🔍 현대어 풀이

더러운 속세에 묻힌 분들아 이 내 생애가 어떠한가
옛 사람의 풍류를 미치는가 못 미치는가
세상에 남자 몸으로 태어나 나만한 사람이 많지만
자연 속에 묻혀 있어 지극한 즐거움을 모를 것인가?

✏️ 정답

❶ 붉은 먼지(더러운 속세)

② 건곤(乾坤) = ❶ _____

③ 시비 = ❷ _____

⑳ 산촌(山村)에 눈이 오니, 신흠

산촌(山村)에 눈이 오니 돌길이 무쳐셰라.

시비(柴扉)를 여지 마라, 날 ᄎᆞᆺ자리 뉘 이시리.

밤중만 일편명월(一片明月)이 긔 벗인가 ᄒᆞ노라.

🔍 현대어 풀이
산골 마을에 눈 오니 돌길은 눈에 묻혔구나.
사립문 열지 마라, 날 찾을 사람 누가 있겠느냐?
밤중 한 조각 밝은 달만 나의 벗인가 하노라.

✏️ 혜선쌤이 한땀한땀 정리한 亦功 작품 정리
• 주제 : 겨울밤에 느끼는 물아일체의 삶(속세와의 단절)
• 시적 상황 : 혼자서 밤에 산골 마을에서 달을 보고 있음.
• 정서와 태도 : 쓸쓸한 밤에 달을 친구 삼고 물아일체(物我一體)의 삶을 희망함.
• 표현상 특징
 ① 말을 건네는 방식을 활용함이 중장에서 드러나 있지 않은 청자를 등장시킨 것을 통해 드러남.
 ② 쓸쓸함과 차가움의 시어(=눈, 달, 밤)를 배치해 화자의 쓸쓸한 마음을 드러냄.
 ③ 설의법을 통해 속세와 단절되고자 하는 마음을 강조함.
• 문학사적 의의 : 춘천에 유배를 간 신흠이 유배로 인한 고독과 함께 물아일체를 희망함을 표현한 작품임.

④ 나조(ㅎ) = ❸ _____

✏️ 정답
❶ 하늘과 땅 ❷ 사립문 ❸ 저녁

⑤ 연하(煙霞) = ❶_____

[2] 연하(煙霞)로 지블 삼고 풍월(風月)로 버들 사마

　태평성대(太平聖代)예 병(病)으로 늘거 가뇌

　이 듕에 브라는 이른 허므리나 업고쟈

－ 이황, 도산십이곡(陶山十二曲)

🔍 현대어 풀이

안개와 노을을 집으로 삼고, 바람과 달을 벗으로 삼아
태평성대에 병[천석고황(泉石膏肓)]으로 늙어 가네.
이 중에 바라는 것은 허물이나 없고자 한다.

⑥ 디 = ❷_____,
　제 = ❸_____

31 장진주사(將進酒辭), 정철

흔 잔(盞) 먹새그려 쏘 흔 잔(盞) 먹새그려 곳 것거 산(算) 노코 무진무진(無盡無盡) 먹새그려.

이 몸 주근 후(後)면 지게 우히 거적 더퍼 주리혀 미여가나 유소보장(流蘇寶帳)의 만인(萬人)이

우러네나 어옥새 속새 덥가나무 백양(白羊) 수페 가기곳 가면 누른 히 흰 들 フ는 비 굴근 눈

쇼쇼리 브람 불 제 뉘 흔 잔(盞) 먹쟈 홀고.

호믈며 무덤 우히 진나비 프람 불 제 뉘우친들 엇더리.

🔍 현대어 풀이

한 잔 먹세그려 또 한 잔 먹세그려. 나뭇가지 꺾어서 술잔의 수 세면서 한없이 먹세그려.
이 몸 죽고 나면 지게 위에 거적 덮어 꽁꽁 졸라매어서 가거나, 곱게 꾸민 상여 타고 만 명의 사람들은
울면서 따라가거나, 억새와 속새와 떡갈나무 백양 숲속에 가기만 하면 누런 해와 흰 달 뜨고, 가랑비와 함
박눈 내리며, 회오리바람 불 때 그 누가 한 잔 먹자고 하겠는가?
하물며 무덤 위 원숭이들 놀러 와 휘파람 불 때 뉘우친들 무슨 소용 있겠는가?

✏️ 정답

❶ 안개와 노을(자연)　❷ 데(장소를 의미하는 의존 명사)　❸ 때(시간)

• 주제: 인생의 허무함을 술로 해결함.
• 시적 상황: 죽고 나면 소용이 없으니 살아 있을 때 음주하며 즐기자고 함.
• 정서와 태도: 풍류와 낭만이 드러남. 인생무상을 술로 해결하려 함.
• 표현상 특징
  ① 초라한 죽음과 화려한 죽음을 대조하여 인생무상을 드러냄.
  ② 열거법을 사용하여 중장의 길이를 길게 함.
  ③ '뉘우친둘 엇더리'라는 이유를 종장에 알려서 '먹새그려'라는 음주 행위를 정당화함.
  ④ 초장에 'A − A − B − A'의 율격이 나타남.
• 문학사적 의의: 국문학 사상 최초의 사설시조로 이백(李白)의 「장진주(將進酒)」를 떠오르게 만드는
                권주가(勸酒歌)임.

⑦ 즈 = ❶ _____

二月ㅅ 보로매 아으 노피 현 燈ㅅ블 다호라 / 萬人 비취실 즈싀 샷다 아으 動動다리

三月 나며 開흔 아으 滿春 둘욋고지여 / ㄴ미 브롤 즈슬 디녀 나샷다 아으 動動다리

四月아니 니저 아으 오실셔 곳고리새여 / 므슴다 錄事니믄 녯 나를 닛고신뎌 아으 動動다리

― 작자 미상, 〈動動〉에서

🔍 현대어 풀이

2월 보름에 높이 켠 등불 같구나. / 그대는 만인을 비추실 모습이시도다.
3월 지나며 핀 늦봄의 진달래꽃 같은 임이여 / 남이 부러워할 만한 모습을 지니셨구나.
4월을 잊지 않고 또 오셨구나 꾀꼬리 새여 / 무엇 때문에 녹사님(나의 님)은 예전의 나를 잊고 계시는
겁니까?

❶ 모습

⑧ 우음 = ❶ _____

32 만흥(漫興) 中 3수, 윤선도

잔 들고 혼자 안자 <u>먼 뫼흘</u> ᄇ라보니

<u>그리던 님</u>이 오다 반가옴이 이리ᄒ랴.

말슴도 <u>우움</u>도 아녀도 몯내 됴하ᄒ노라.

🔍 현대어 풀이

술잔 들고 혼자 앉아 먼 산을 바라보니,
그리워하던 임이 온들 반가움이 이만하겠는가. (자연이 더 반갑다)
말도 웃음도 없어도 못내 좋아하노라.

✏️ 혜선쌤이 한땀한땀 정리한 亦功 작품 정리

• 주제 : 자연에 살면서 소박함과 여유를 누림
• 표현상 특징
  ① 화자의 정서를 강조하고자 설의법과 영탄법을 활용함.
  ② 의인법을 통해 자연에 대한 친근감을 드러냄.
  ③ 비교법을 통해 그리운 임이 오는 거보다 자연을 더 좋아함을 강조함.

3. 부사
  ① ᄒ마 = ❷ _____ , 고텨 = ❸ _____

엇그제 저멋더니 <u>ᄒ마</u> 어이 다 늘거니

— 허난설헌, 규원가(閨怨歌)

🔍 현대어 풀이

엊그제 젊었더니 벌써 어찌 다 늙었는가

✏️ 정답

❶ 웃음 ❷ 벌써 ❸ 다시

33 훈민가(訓民歌), 정철

④ 어버이 사라신 제 셤길 일란 다ᄒᆞ여라.

디나간 휘면 애ᄃᆞᆲ다 엇디ᄒᆞ리.

평ᄉᆡᆼ(平生)에 고텨 못홀 이리 이ᄲᅮᆫ인가 ᄒᆞ노라.

🔍 현대어 풀이

어버이께서 살아계실 때 섬기는 일을 다하여라.
돌아가신 뒤 아무리 애통하고 후회한들 무슨 소용 있겠는가.
평생 다시 할 수 없는 일 이것뿐인가 하노라.

―――――――――――――――――――――――――――

⑬ 오늘도 다 새거다, 호믜 메고 가쟈스라.

내 논 다 ᄆᆡ여든 네 논 졈 ᄆᆡ여 주마.

올 길에 뽕 ᄲᅡ다가 누에 머겨 보쟈스라.

🔍 현대어 풀이

오늘도 날이 밝았다. 호미 메고 가자꾸나.
내 논 다 매거든 네 논도 좀 매어 주마.
일 끝내고 돌아오는 길 뽕 따다가 누에 길러 보자꾸나.

✏️ 혜선쌤이 한땀한땀 정리한 亦功 작품 정리

• 주제: 유교적인 덕목을 실천할 것을 권장함.
• 시적 상황: 유교적 덕목과 도리를 실천할 것을 말해 줌.
• 정서와 태도: 유교적 도리를 일깨우며 실천할 것을 알림.
• 표현상 특징
  ① 청유형 표현과 당위적 표현을 사용함.
  ② 백성들의 쉬운 이해를 위해 순우리말을 사용함.
  ③ 'ᄒᆞ노라', '마라', '~쟈스라'처럼 지켜야 할 윤리 덕목은 명령형과 감탄형을 사용하고, 서로 협력해
     야 할 일을 권유할 때는 청유형의 서술어를 사용하여 내용에 따라 표현을 달리함.
• 문학사적 의의: 성격은 계몽과 교훈이지만 세련된 기교의 사용은 작가의 문학적 능력을 볼 수 있는
               부분임.

② 져근덧 = ❶ _____

34 춘산(春山)에 눈 녹인 바룸, 우탁

춘산(春山)에 눈 녹인 바룸 건듯 불고 간 듸 업다.

져근덧 비러다가 마리 우희 불니고져.

귀 밋틱 히묵은 서리를 녹여 볼가 ᄒ노라.

🔍 현대어 풀이

봄 산에 눈 녹인 바람은 잠시 불고 간 곳 없다.
잠깐동안 봄바람 빌려다 내 머리 위 불게 하고 싶구나.
귀 밑에 여러 해 묵은 서리(백발)를 녹여 볼까 하노라.

✎ 혜선쌤이 한땀한땀 정리한 亦功 작품 정리

• 주제 : 늙음에 대한 한탄과 달관.
• 시적 상황 : 늙음을 깨닫고 다시 젊음을 얻기를 소망함.
• 정서와 태도 : 늙음을 탄식하나 여유와 달관으로 인생을 대하는 태도를 보여 줌.
• 표현상 특징
  ① 하얀색의 색채 이미지의 사용
  ② 참신한 비유를 통한 주제 강조.
• 문학사적 의의 : 시조의 내용상 구분으로는 '탄로가(嘆老歌)'의 시초가 되는 작품임.

③ 모쳐라 = ❷ _____
④ 어즈버/두어라 = ❸ _____

✎ 정답

❶ 잠시 동안 ❷ 마침 ❸ 감탄사

4. 의문사
   ① 언제, 어느Ꞔ = ❶＿＿＿＿＿＿＿
   ② 어듸, 어듸메, 어디 = ❷＿＿＿＿＿＿＿
   ③ 므슥, 므슴, 므스것 = ❸＿＿＿＿＿＿＿
   ④ 현마, 몃 = ❹＿＿＿＿＿＿＿＿
   ⑤ 엇뎨, 엇더 = ❺＿＿＿＿＿＿＿
   ⑥ 어느/어ᄂ = ❻＿＿＿＿＿＿＿

5. 조사 어미
   ① -ㄹ셰라 = ❼＿＿＿＿＿＿＿
   ② ～손듸/～다려 = ❽＿＿＿＿＿＿＿

35 묏버들 굴히 것거, 홍랑

묏버들 굴히 것거 보내노라 님의손듸

자시ᄂ 창(窓)밧긔 심거 두고 보쇼셔

밤비예 새닙곳 나거든 날인가도 너기쇼셔

🔍 **현대어 풀이**

산버들 중에 좋은 것을 가려 꺾어서 임에게 보내니
주무시는 창가에 심어 두고 보소서.
밤비에 새잎이라도 난다면 날 본 것처럼 여기소서.

✏️ 혜선쌤이 **한땀한땀** 정리한 **亦功** 작품 정리

• 주제: 임을 향한 사랑
• 시적 상황: 임이 멀리 떠나간 상태임.
• 정서와 태도: 자연물을 통해 자신의 사랑을 간접적으로 드러냄.
• 표현상 특징
   ① '묏버들, 새닙'은 '나'의 분신을 상징함.
   ② 초장에 도치법이 사용되어 임에 대한 사랑이 강조됨.
   ③ '묏버들'을 통해 임과 있고 싶은 마음을 드러냄.
   ④ 순수한 우리말이 주로 사용됨.

✏️ 정답

❶ 언제(when) ❷ 어디(where) ❸ 무엇(what) ❹ 얼마, 몇(how many) ❺ 어찌(how) ❻ 어느(which)
❼ ~할까 두렵다 ❽ ~에게

③ ~ㅋ니와 = ❶_____

④ ~도~ㄹ샤 = ❷_____

36 노래 삼긴 사롬, 신흠

노래 삼긴 사롬 시름도 하도 할샤.

닐러 다 못 닐러 불러나 푸돗든가.

진실(眞實)로 풀릴 거시면 나도 불러 보리라.

🔍 현대어 풀이

노래를 처음에 만든 사람 근심 많기도 참 많았구나!
말만으로 뜻한 바 모두 말할 수 없어서, 노래를 불러 근심을 풀었던가?
진실로 풀릴 것이라면 나 역시 불러 보겠다.

✏️ 혜선쌤이 한땀한땀 정리한 亦功 작품 정리

• 주제 : 노래를 불러 근심을 해소함.
• 시적 상황 : 노래를 불러 근심을 풀려고 함.
• 정서와 태도 : 노래를 불러 근심이 풀리게 되길 바람.
• 표현상 특징
 ① 초장과 중장을 통해 전제를 제시하고 종장에서 결론지어 연역적으로 전개 방식을 선보임.
 ② 설의법과 영탄법을 통해 주제를 강조함.
• 문학사적 의의 : 당쟁과 광해군의 폭정으로 인해 관직에서 물러나서 은신하며 여러 시조와 한시를
          지었는데 이 시는 혼란한 상황 가운데 마음의 안정을 찾고자 지은 것임.

⑤ -ㄹ시 = ❸_____

⑥ -쟈스라 = ❹_____ / -고져 = ❺_____, ❻_____

✏️ 정답

❶ 물론이거니와 ❷ ~하기도 ~하구나 ❸ ~하므로 ❹ -자 ❺ ~하고 싶다 ❻ ~하고자 한다

MEMO

박혜선 최단기간 고전 운문

고려 말~조선 초

고려 말~조선 초

1. 고려 왕조의 멸망

37 오백년(五百年) 도읍지(都邑地)를, 길재

오백년(五百年) 도읍지(都邑地)를 필마(匹馬)로 도라드니

산천(山川)은 의구(依舊)ᄒ되 인걸(人傑)은 간듸 업다

어즈버 태평연월(太平烟月)이 꿈이런가 ᄒ노라

✏️ 혜선쌤이 **한땀한땀** 정리한 **亦功** 작품 정리

• 주제 : 고려 멸망의 한과 인생무상함.
• 시적 상황 : 조선 건국 후에 망한 고려의 궁터를 돌며 느끼는 정한
• 정서와 태도 : 안타까움, 인생무상(人生無常)
• 표현상 특징
  ① 변함없는 '산천'과 변하는 '인걸'을 대조하여 인간 세상의 무상함이라는 주제를 강조함.
  ② 대구법을 통해 운율을 형성함.
  ③ 영탄법을 통해 화자의 안타까움을 강조함.
  ④ 비유법을 통해 주제를 강조함.
• 문학사적 의의 : 『청구영언』을 통해 전해 내려오는 호석균의 시조 16수 중 하나임.

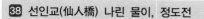

38 선인교(仙人橋) 나린 물이, 정도전

선인교(仙人橋) 나린 물이 자하동(紫霞洞) 흘너 드러,

반천 년(半千年) 왕업(王業)이 물소릭쑨이로다.

아희야, 고국 흥망(故國興亡)을 무러 무엇ᄒ리오.

🔍 현대어 풀이

선인교서 내려오는 물 자하동에 흘러들어,
오백년 이어 내려온 왕업이 남은 것은 이 물소리뿐이로다.
아이야, 옛 고려 왕조의 흥망을 따져 본들 무엇하겠느냐?

✎ 혜선쌤이 한땀한땀 정리한 亦功 작품 정리

- 주제: 고려 멸망을 받아들이고 현재를 잘 살아갈 것을 우회적으로 드러냄.
- 시적 상황: 고려의 멸망 후 조선이 건국된 역사적 교체기
- 정서와 태도: 고려를 회상하나 조선 건국을 새 역사의 자연스러운 흐름으로 여김.
- 표현상 특징
  ① 고려 멸망의 무상감을 청각적 이미지를 사용하여 표현함.
  ② 영탄법을 통해 고려 역사의 무상감을 강조함.
  ③ 은유법(반 천년 왕업＝물소리)을 사용해 주제를 구체화함.
  ④ '고국 흥망(故國興亡)을 무러 무엇ᄒ리오'처럼 설의법을 사용해 효과적으로 주제를 제시함.
  ⑤ 청자를 설정하여 말을 건네는 어조로 시상을 전개함.
- 문학사적 의의: 고려의 멸망으로 인한 허무함을 노래한 조선 개국 공신의 회고가로, 조선이라는 나라의 새 흐름을 인정하는 정도전의 정치적 행보가 암시적으로 제시됨.

39 가마귀 검다 ᄒ고, 이직

> 가마귀 검다 ᄒ고 백로(白鷺) l 야 웃지 마라.
>
> 것치 거믄들 속조차 거믈소냐.
>
> 아마도 것 희고 속 검을손 너뿐인가 ᄒ노라.

🔍 현대어 풀이

까마귀 검다고 백로야 비웃지 마라.
겉은 검지만 속도 검겠느냐?
아마 겉만 희고 속이 검은 것은 너뿐인가 하노라.

✏️ 혜선쌤이 한땀한땀 정리한 亦功 작품 정리

• 주제: 고려 유신의 표리부동함을 비판하고 자신의 결백함을 드러냄
• 시적 상황: 고려 신하들이 자신을 비난하는 것을 반박함.
• 정서와 태도: 고려 신하들의 위선을 자신감 있게 비판함.
• 표현상 특징
  ① '가마귀, 백로'를 의인화하여 주제를 강조함.
  ② '것치 거믄들 속조차 거믈소냐.'에 설의적 표현이 드러남.
  ③ '가마귀'를 긍정적인 대상으로, '백로'를 부정적인 대상으로 그리는 참신한 발상을 사용함.
  ④ '것 희고 속 검을손'에서 고려 유신들의 간신배적 태도를 비판함.
  ⑤ 청자를 설정하여 말을 건네는 어조로 시상을 전개함.

40 이런들 엇더ㅎ며, 이방원

이런들 엇더ㅎ며 져런들 엇더하료.

만수산(萬壽山) 드렁츩이 얼거진들 엇더ㅎ리.

우리도 이ㄱ치 얼거져 백년(百年)신지 누리리라.

현대어 풀이

이렇게 산들 어떠하고 저렇게 산들 어떠하리오.
만수산 칡덩굴이 서로 얽힌 것같이 살아간들 어떠하리오.
우리도 이같이 얽혀서 한평생 누리리라.

혜선쌤이 한땀한땀 정리한 亦功 작품 정리

• 주제: 충신 정몽주를 회유함.
• 시적 상황: 고려 말 이방원이 정몽주의 마음을 알아보려고 회유하고 있는 상황
• 정서와 태도: 충신 정몽주에게 같이 살아가자고 권유함.
• 표현상 특징
  ① 상대를 효과적으로 회유하고자 설의법과 직유법을 사용함.
  ② 상징적 시어를 통해 우회적으로 자신의 의도를 나타냄.
  ③ '만수산(萬壽山) 드렁츩'에서 '만수(萬壽)'는 수명이 긴 것을 의미하며 '드렁츩'이 얽히어 있다는
     것은 온갖 부귀영화를 누리며 장수하면 그만이라는 기회주의적 태도를 나타냄.
  ④ 대구법을 통해 운율을 형성함.
  ⑤ 비유법을 통해 주제를 강조함.

41 이 몸이 주거 주거, 정몽주

이 몸이 주거 주거 일백 번 고쳐 주거

백골(白骨)이 진토(塵土) 되어 넉시라도 잇고 업고

님 향한 일편단심(一片丹心)이야 가실 줄이 이시랴.

🔍 현대어 풀이

이 몸이 죽고 죽어서 백 번 되풀이해 죽어서
백골은 티끌 그리고 흙이 되어 영혼이 있으나 없으나
임을 향한 일편단심의 충성심이 변할 수 있겠는가?

✏️ 혜선쌤이 한땀한땀 정리한 亦功 작품 정리

• 주제: 고려를 향한 지조와 절개
• 시적 상황: 이방원이 정몽주의 마음을 알아보기 위해 회유하는 상황
• 정서와 태도: 굳은 의지로 고려에 대한 충성심을 드러냄
• 표현상 특징
  ① 화자의 마음을 직설적이고 뚜렷하게 드러냄.
  ② 화자의 의지를 보여주고자 반복과 점층, 과장법, 설의법을 사용함.
  ③ 화자의 충성심을 강조하려고 극단적 상황을 제시함.
  ④ '일편단심(一片丹心)'은 임금과 고려를 향한 충성심을 지킴을 확실히 표현한 어휘임.
  ⑤ 시어를 반복하여 운율을 형성하고 주제를 강조함.

MEMO

박혜선 최단기간 고전 운문

PART 03

조선 전기

조선 전기

조선 전기

1. 자연 친화

42 강호사시가(江湖四時歌), 맹사성

강호(江湖)에 <봄>이 드니 미친 흥(興)이 절로 난다.

탁료 계변(濁醪溪邊)에 금린어(錦鱗魚)ㅣ 안주로다.

이 몸이 한가(閑暇)하옴도 역군은(亦君恩)이샷다.

▶ 봄(春)

강호(江湖)에 <여름>이 드니 초당(草堂)에 일이 업다.

유신(有信)한 강파(江波)는 보내느니 바람이로다.

이 몸이 서늘하옴도 역군은(亦君恩)이샷다.

▶ 여름(夏)

강호(江湖)에 <가을>이 드니 고기마다 살져 잇다.

소정(小艇)에 그물 시러 흘리 띄여 더져 두고,

이 몸이 소일(消日)하옴도 역군은(亦君恩)이샷다.

▶ 가을(秋)

강호(江湖)에 <겨울>이 드니 눈 기픠자히 남다.

삿갓 빗기 쓰고 누역으로 오슬 삼아,

이 몸이 칩디 아니하옴도 역군은(亦君恩)이샷다.

▶ 겨울(冬)

🔍 현대어 풀이

자연에 봄 찾아오니 미친 듯 흥이 절로 난다.
시냇가에서 막걸리 마시니 쏘가리가 안주로다.
이 몸 한가롭게 지내는 것 역시 모두 임금님의 은혜이시도다.

▶ 봄(春)

자연에 여름 찾아오니 초가집에 할 일 없어 한가하다.
신의 있는 강물결은 바람을 보내는구나.
이 몸 서늘하게 지내는 것 역시 모두 임금님의 은혜이시도다.

▶ 여름(夏)

자연에 가을 찾아오니 고기마다 살쪄 있다.
작은 배에 그물을 실어 물에 흘러가게 던져 두고,
이 몸 여유롭게 지내는 것 역시 모두 임금님의 은혜이시도다.

▶ 가을(秋)

자연에 겨울 찾아오니 눈깊이가 한 자가 넘는구나.
삿갓 비스듬히 쓰고 도롱이를 옷삼아,
이 몸 춥지 아니한 것 역시 모두 임금님의 은혜이시도다.

▶ 겨울(冬)

✏️ 혜선쌤이 **한땀한땀** 정리한 *亦功* 작품 정리

• 주제: 안빈낙도하는 삶을 사나 임금의 은혜도 잊지 않음.
• 시적 상황: 사계절 자연을 친구 삼아 유유자적의 삶을 살고 있음.
• 정서와 태도: 자연과 더불어 살고 있지만 임금의 은혜 역시 잊지 않음.
• 표현상 특징
  ① 각 수의 초장을 '강호(江湖)에'로 시작하고 종장을 '역군은(亦君恩)이샷다'로 끝내는 구조를 반복함.
  ② '강호(江湖)'는 강과 호수라는 뜻으로 자연을 나타낸 것으로 유유자적한 삶을 사는 화자의 모습
     을 잘 나타냄.
• 문학사적 의의
  ① 우리나라 연시조의 시초가 되는 작품으로 알려짐.
  ② '강호가도(江湖歌道)'류 작품의 시초로도 알려짐.

43 짚방석 내지 마라, 한호

짚방석(方席) 내지 마라, 낙엽(落葉)엔들 못 안즈랴.

솔불 혀지 마라, 어제 진 달 도다온다.

아희야, 박주산채(薄酒山菜)ㄹ망정 업다 말고 내여라.

🔍 현대어 풀이

짚방석 내오지 말아라, 낙엽이라고 못 앉겠느냐.
솔불 켜지 말아라, 어제 진 달 돋아온다.
아이야, 좋지 않은 술과 나물이라도 없다고 하지 말고 내어오너라.

✏️ 혜선쌤이 한땀한땀 정리한 亦功 작품 정리

• 주제: 자연을 소박하게 즐기는 안빈낙도(安貧樂道)의 삶
• 시적 상황: 낙엽에 앉아 싼 술과 나물을 먹고 즐기려 함.
• 정서와 태도: 값비싼 인위적인 것보다 소박한 자연을 추구
• 표현상 특징
  ① 청자가 설정되어 말을 건네는 어조를 보임.
  ② 초장과 중장이 대구를 이루며 인위적인 것인 '짚방석, 솔불'과 소박한 자연인 '낙엽, 달'이 대조됨.
  ③ 종장의 '박주산채(薄酒山菜)'는 자연 그대로를 나타내며 자연에서 소박하게 살고자 하는 화자의 정서를 드러냄.
  ④ 설의법을 통해 주제를 강조함.
  💡 관련 한자 성어
  안빈낙도(安貧樂道): 가난 속에서도 편안한 마음으로 도를 즐김.
  안분지족(安分知足): 편안한 마음으로 제 분수를 지키며 만족함을 앎.
  단사표음(簞食瓢飮): 도시락밥과 표주박에 든 물이라는 뜻으로, 소박한 생활의 비유.
  단표누항(簞瓢陋巷): 도시락밥과 표주박과 누추한 거리라는 뜻으로, 소박한 생활의 비유.

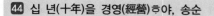

44 십 년(十年)을 경영(經營)ᄒᆞ야, 송순

십 년(十年)을 경영(經營)ᄒᆞ야 초려 삼간(草廬三間) 지여 내니

나 ᄒᆞᆫ 간 ᄃᆞᆯ ᄒᆞᆫ 간에 청풍(淸風) ᄒᆞᆫ 간 맛져 두고

강산(江山)은 들일 듸 업스니 둘러 두고 보리라.

🔍 현대어 풀이

십 년 준비해 초가삼간을 지으니
나 한 칸, 달 한 칸, 맑은 바람 한 칸 맡아 두고
강산은 들일 방 없으니 둘러놓고 보겠노라.

✏️ 혜선쌤이 한땀한땀 정리한 亦功 작품 정리

• 주제: 자연에서 안빈낙도와 물아일체.
• 시적 상황: 십 년을 준비한 초가삼간에서 자연과 지냄.
• 정서와 태도: 자연에서 안빈낙도와 물아일체의 삶을 누리고자 함.
• 표현상 특징
  ① 초려삼간을 강조함과 동시에 리듬감을 살리고자 'ᄒᆞᆫ 간'을 반복함.
  ② 의인법을 통해 자연물을 친근한 존재처럼 표현함.
  ③ 종장의 '둘러 두고 보리라'를 통해 자연 그대로를 누리고 싶은 화자의 마음을 나타냄.

45 농암(聾巖)애 올라 보니, 이현보

농암(聾巖)애 올라 보니 노안(老眼)이 유명(猶明)이로다

인사(人事)이 변(變)흔들 산천(山川) 이쭌 가실가.

암전(巖前)에 모수 모구(某水某丘)이 어제 본 돗ᄒ예라.

🔍 현대어 풀이

고향 바위에 올라 보니 노인의 눈이 오히려 밝구나.
인간 세상 일이 변한들 자연이 변하겠는가?
바위 앞의 물과 언덕들도 어제 본 것 같구나.

✎ 혜선쌤이 한땀한땀 정리한 亦功 작품 정리

• 주제 : 변함없는 고향의 모습을 보고 느낀 반가움
• 시적 상황 : 고향에 찾아가 큰 바위 위에 올라감.
• 정서와 태도 : 변하는 인간사와는 달리 변하지 않은 자연의 모습에 반가움을 느낌.
• 표현상 특징
  ① 대조법(변하는 인간사와 변치 않는 자연)을 사용함.
  ② 설의법을 통해 주제를 강조함.
  ③ 고향을 보고 느낀 반가움을 과장된 표현으로 드러냄.

46 청량산(淸凉山) 육륙봉(六六峰)을, 이황

청량산(淸凉山) 육륙봉(六六峰)을 아느니 나와 백구(白鷗)

백구(白鷗)야 헌사ᄒᆞ랴 못 미들손 도화(桃花)ㅣ로다.

도화(桃花)야 ᄯᅥ나지 마로렴 어주자(魚舟子)알가 하노라.

🔍 현대어 풀이

청량산 열두 봉우리를 아는 것은 나와 흰 갈매기뿐
흰 갈매기야 야단스러울까 못 믿는 것은 복숭아꽃이로다.
복숭아꽃아 떠나지 말아라. 어부가 알까 두렵노라

✏️ 혜선쌤이 한땀한땀 정리한 亦功 작품 정리

• 주제 : 청량산이 무릉도원처럼 아름다움을 강조
• 시적 상황 : 청량산에서 흰 갈매기와 있는 상황.
• 정서와 태도 : 청량산의 경치를 혼자만 느끼고 싶음.
• 표현상 특징
  ① '백구(白鷗)', '도화(桃花)'를 연쇄적 배치하여 운율을 형성함.
  ② '도화(桃花)'를 사람처럼 표현하고 있음(의인화).
  ③ '도화(桃花)'는 무릉도원이 나오는 『도화원기(桃花源記)』를 인용했음을 드러냄.
  ④ 청자에게 말을 건네는 어조를 보임.

47 한거십팔곡(閑居十八曲), 권호문

① 평생에 원하는 것이 다만 충효뿐이로다

이 두 일 말면 금수(禽獸)나 다를쏘냐

마음에 하고자 하여 십 년을 허둥대노라

🔍 현대어 풀이

평생 원하는 것은 다만 충효뿐이로다.
이 두 일을 말면 짐승과 무엇 다르겠느냐
충효를 다하려고 하여 십 년허둥대노라.

② 계교(計較) 이렇더니 공명이 늦었어라

부급동남(負芨東南)해도 이루지 못할까 하는 뜻을

세월이 물 흐르듯 하니 못 이룰까 하여라

🔍 현대어 풀이

남과 글재주만 견주다 보니 공명이 늦었어라.
책을 지고 스승을 찾아 이리저리 다녀도 성사하기 어려운 뜻을
세월이 물 흐르듯 하니 못 이룰까 한다.

③ 비록 못 이뤄도 임천(林泉)이 좋으니라

무심어조(無心魚鳥)는 절로 한가하나니

조만간 세사(世事) 잊고 너를 좇으려 하노라

🔍 현대어 풀이

비록 못 이뤄도 자연은 좋다.
아무 욕심도 없는 물고기와 새는 절로 한가하니
조만간 세속 일 잊고 널 좇으려 하노라.

④ **강호**에 놀자 하니 **임금**을 저버리겠고

임금을 섬기자 하니 즐거움에 어긋나네

혼자서 기로에 서서 갈 데 몰라 하노라

🔍 현대어 풀이

강호에 놀자 하니 임금 저버리겠고
임금 섬기자 하니 즐거움에는 어긋나네.
혼자 자연과 벼슬 사이에서 갈 데를 몰라 하노라.

---

⑤ 어쩌랴 이러구러 이 몸이 어찌할꼬

행도(行道)도 어렵고 **은둔처**도 정하지 않았네

언제나 이 뜻 결단하여 내 즐기는 바 좇을 것인가

🔍 현대어 풀이

어쩌랴 이럭저럭 이 몸 어찌할꼬.
도를 행하는 것 어렵고 은둔처 역시 정하지 않았네.
언제나 이 뜻을 결단하여 내 즐기는 바를 좇을 것인가.

---

⑥ 출(出)하면 **치군택민(致君澤民)** 처(處)하면 **조월경운(釣月耕雲)**

명철군자(明哲君子)는 이것을 즐기나니

하물며 **부귀위기(富貴危機)**라 **빈천거(貧賤居)**하오리라.

🔍 현대어 풀이

벼슬길로 나가면 임금 섬겨 백성 윤택하게 하고, 산림에 은거하면 자연을 벗 삼고 지낸다.
총명하고 사리 밝은 군자는 이것 즐기나니,
하물며 부귀는 위태하니 가난한 삶 누리리라.

✎ 헤선쌤이 **한땀한땀** 정리한 **亦功** 작품 정리

• 주제 : 벼슬에 못 이른 안타까움과 자연에서 사는 즐거움.
• 시적 상황 : 벼슬을 포기하고 자연에서 살고자 함.
• 정서와 태도 : 벼슬을 못 이뤄서 안타깝지만, 자연에서 사는 삶이 즐거울 것임을 믿음.
• 표현상 특징
  ① 화자의 안타까움이나 갈등을 나타내는 데에 감탄적 어조와 영탄법을 사용함.
  ② 각 수는 떨어져 있는 것이 아닌 의미의 흐름이 연결되어 있어 체계적으로 시상을 전개함.
  ③ <제3수>의 '비록 못 이뤄도 임천(林泉)이 좋으니라'와 '무심어조(無心魚鳥)'에는 자연 속에서의
    삶이 좋을 것이라는 화자의 정서가 드러남.

---

48 말 업슨 청산(靑山)이요, 성혼

말 업슨 청산(靑山)이요, 태(態) 업슨 유수(流水) ㅣ로다.

갑 업슨 청풍(淸風)이요, 님ᄌ 업슨 명월(明月)이라.

이 중(中)에 병(病) 업슨 이 몸이 분별(分別) 업시 늙으리라.

🔍 **현대어 풀이**

말 없는 것은 청산이요, 모양 없는 것은 흐르는 물이로다.
값 없는 것은 바람이요, 주인 없는 것은 밝은 달이로다.
이 자연 속 병 없는 이 몸이 걱정 없이 늙으리라.

✎ 헤선쌤이 **한땀한땀** 정리한 **亦功** 작품 정리

• 주제 : 자연 속 물아일체를 추구
• 시적 상황 : 자연 속에 있는 상황임.
• 정서와 태도 : 물아일체(物我一體)의 삶을 추구함.
• 표현상 특징
  ① 자연의 좋은 점을 말하려 초장과 중장에서 대구법을 사용하며 운율을 형성함.
  ② 종장의 '분별(分別) 업시 늙으리라'는 자연에서 평생을 살아가겠다는 화자의 마음이 드러남.
  ③ 의인법을 통해 자연에 대한 친근감을 드러냄.
• 문학사적 의의 : 조선 중기 성리학자 성혼이 쓴 작품으로, 자연 속에서 살고자 하는 성리학적 이상향
    이 잘 드러나 있음.

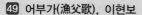

49 어부가(漁父歌), 이현보

[1] 이 듕에 시름 업스니 어부(漁父)의 생애(生涯)이로다.

일엽편주(一葉片舟)를 만경파(萬頃波)에 띄워 두고

인세(人世)를 다 니젯거니 날 가는 주를 알랴.

🔍 현대어 풀이

이 세상 속 걱정 없는 것이 어부의 삶이로다.
작은 배 한 척 한없이 넓은 바다에 띄워 두고
인간 세상 다 잊었으니 세월 가는 줄 알겠느냐.

[3] 청하(青荷)에 밥을 싸고 녹류(綠流)에 고기 꿰어,

노적화총(蘆荻花叢)애 배 매어 두고,

일반청의미(一般清意味)를 어느 분이 아실까.

🔍 현대어 풀이

푸른 연잎에 밥 싸고 푸른 버드나무 가지에 고기 꿰어
갈대와 물억새 덤불에 배 매어 두고
자연이 주는 참된 의미 어느 분이 아시겠는가?

[4] 산두(山頭)에 한운(閒雲)이 일고 수중(水中)에 백구(白鷗) 난다.

무심(無心)코 다정(多情)하니 이 두 것이로다.

일생(一生)에 시름을 닛고 너를 조차 노로리라.

🔍 현대어 풀이

산꼭대기에 한가로운 구름 일고, 물 위에 흰 갈매기 난다.
아무 욕심 없고 다정한 것이 이 둘이로다.
일생에 시름 잊고 널 좇아 놀겠노라.

⑤ 장안(長安)을 돌아보니 북궐(北闕)이 천리(千里)로다.

어주(漁舟)에 누어신들 니즌 스치 이시랴.

두어라 내 시름 아니랴 제세현(濟世賢)이 업스랴.

🔍 현대어 풀이

한양을 돌아보니 임금님 계신 경복궁이 천 리나 떨어져 있구나.
고기잡이 배에 누워 있다고 나라 잊은 때 있겠는가.
두어라, 내 걱정 아니라도 세상 구제할 현명한 선비 없겠는가

✏️ 혜선쌤이 **한땀한땀** 정리한 **亦功** 작품 정리

• 주제 : 자연 속에서 유유자적하며 나라를 걱정함.
• 시적 상황 : 어부가 배 타고 자연을 벗 삼고 흥취를 느낌.
• 정서와 태도 : 한가롭고 여유로운 삶을 즐기지만 나라 걱정 또한 잊지 않음
• 표현상 특징
  ① 설의법을 통해 주제를 강조함.
  ② 의인법을 통해 자연친화를 드러냄.
  ③ <제2수>와 <제4수>에 나오는 '무심(無心)'은 속세에 미련이 없음을 의미해 인간 세상을 잊고
     살려는 화자의 태도를 보여줌.
  ④ 하지만 일부에서는 속세에 대한 미련이 드러남.
• 문학사적 의의 : 고려 때부터 전해지는 「어부가(漁父歌)」를 이현보가 개작한 것으로, 조선 중기 작가
     윤선도의 시조 「어부사시사(漁父四時詞)」에도 영향을 주었다고 알려짐.

조선 전기

2. 지조와 절개

50 천만 리(千萬里) 머나먼 길히, 왕방연 (단종에 대한 지조와 절개)

천만 리(千萬里) 머나먼 길히 고은 님 여희읍고

닉 무음 둘 딘 업서 냇구의 안쟈시니,

져 믈도 닉 안 궂흐여 우러 밤길 녜놋다.

🔍 현대어 풀이

천 리 만 리 머나먼 곳 영월에 고운 임(=단종)과 이별하고
나의 슬픈 마음 둘 곳이 없어서 냇가에 앉았더니
흘러가는 저 시냇물이 내 마음과 같아 울면서 밤길을 흘러가는구나.

✎ 혜선쌤이 한땀한땀 정리한 亦功 작품 정리

• 주제 : 임금(단종)에 대한 안타깝고 슬픈 마음
• 시적 상황 : 폐위된 단종을 유배지에 호송하고 오는 길
• 정서와 태도 : 슬프고 마음이 아픈 심정
• 표현상 특징
  ① '천만 리'라는 거리감으로 슬픔을 효과적으로 드러냄.
  ② 화자의 정서를 나타내려고 자연물에 감정을 이입함.
  ③ '믈'은 화자의 애통한 마음이 반영된 대상으로, 어린 임금을 유배지에 둔 채 돌아와야 했던 슬픈 감정을 흐르는 시냇물로 표현함.

51 간밤의 부던 ᄇ람에, 유응부 (단종에 대한 지조와 절개)

간밤의 부던 ᄇ람에 눈서리 치단말가.

낙락장송(落落長松)이 다 기우러 가노민라.

ᄒ믈며 못다 핀 곳이야 닐러 므슴 ᄒ리오.

🔍 현대어 풀이

지난밤 불던 바람 눈서리를 몰아치게 했단 말인가?
정정하게 큰 소나무들(＝고려 충신) 다 쓰러져 가는구나.
더군다나 아직 피지 못한 꽃들은 말해 무엇하겠느냐.

✏️ 혜선쌤이 한땀한땀 정리한 亦功 작품 정리

• 주제: 세조 일파의 횡포에 대한 탄식과 걱정
• 시적 상황: 계유정난으로 나라가 위태롭고 인재들이 목숨을 잃는 상황
• 정서와 태도: 인재들의 희생을 탄식하고 걱정함.
• 표현상 특징
  ① '눈서리, 낙락장송, 못다 핀 꽃'과 같은 자연물에 의미를 함축시켜 우회적으로 주제를 제시함.
    1) 눈서리 ＝ 세조 일파의 횡포, 계유정난으로 인한 시련
    2) 낙락장송 ＝ 단종의 충신
    3) 못다 핀 꽃 ＝ 단종에게 충성할 젊은 선비들
  ② 과거 － 현재 － 미래의 시간 흐름에 따라 시상을 전개함.
  ③ 설의법을 통해 주제를 강조함.

52 이 몸이 주거 가셔, 성삼문 (단종에 대한 지조와 절개)

이 몸이 주거 가셔 무어시 될고 하니,

봉래산(蓬萊山) 제일봉(第一峯)에 낙락장송(落落長松) 되야 이셔,

백설(白雪)이 만건곤(滿乾坤)홀 제 독야청청(獨也靑靑)ᄒ리라.

🔍 현대어 풀이

이 몸 죽고 나서 무엇이 될까 생각해 보니,
봉래산 가장 높은 봉우리에 우뚝 솟은 소나무 되어서
흰 눈이 온 세상 뒤덮을 때 홀로 푸른 빛 발하리라.

✏️ 혜선쌤이 한땀한땀 정리한 亦功 작품 정리

• 주제: 죽음을 각오하고 지키는 굳은 절개
• 시적 상황: 단종을 복위시키려다 들켜 처형당하는 상황
• 정서와 태도: 단종을 향한 굳건한 태도와 충의
• 표현상 특징
  ① 비유와 상징을 통해서 굳은 의지와 절개를 우의적으로 나타냄.
  ② 소나무라는 자연물을 소재로 사용하여 시상을 전개함.
  ③ '독야청청(獨也靑靑)'은 세조의 왕위 찬탈에 대항하는 지조, 절개를 지키겠다는 화자의 다짐을
     드러냄.

53 수양산(首陽山) 바라보며, 성삼문 (단종에 대한 지조와 절개)

수양산(首陽山) 브라보며 이제(夷齊)를 한(恨)ᄒ노라

주려 주글진들 채미(採薇)도 ᄒᄂ 것가

비록애 푸새 옛 거신들 긔 뉘 싸헤 낫ᄃ니

🔍 현대어 풀이

수양산 바라보며 백이와 숙제를 한탄한다.(탓한다.)
차라리 굶어 죽을지언정 고사리를 캐어 먹었단 말인가.
고사리 푸성귀일망정 그것은 뉘 땅에 난 것인가.(주나라 땅에서 난 게 아닌가.)

✏️ 혜선쌤이 한땀한땀 정리한 亦功 작품 정리

• 주제 : 죽음도 감당하겠다는 굳건한 의지와 절개
• 시적 상황 : 단종을 복위시키려 세조에 저항하는 상황
• 정서와 태도 : 단종에 대한 절개와 충의를 지키려 함.
• 표현상 특징
  ① 굳은 의지와 절개를 보여주려고 중의법, 설의법을 사용함.
  ② 함축적인 시어를 통해 풍자적으로 상황을 제시함.
  ③ '이제(夷齊)를 한(恨)ᄒ노라'는 백이, 숙제를 비판하여 그들보다 본인이 더 절의를 지킴을 강조하는 시구임.
  ④ 백이와 숙제의 중국 고사를 인용함.

54 금생여수(金生麗水) ㅣ라 흔들, 박팽년 (단종에 대한 지조와 절개)

금생여수(金生麗水) ㅣ라 흔들 물마다 금(金)이 나며

옥출곤강(玉出崑崗)이라 흔들 뫼마다 옥(玉)이 날쏜야.

암으리 사랑이 중(重)타 흔들 님님마다 좃츨야.

여수에서 금 난다고 물마다 금 나며,
곤강에서 옥 난다고 산마다 옥 나겠는가?
아무리 사랑이 중요하다고 하더라도 임마다 따르겠는가?

혜선쌤이 **한땀한땀** 정리한 亦功 작품 정리

• 주제: 임금에 대한 일편단심
• 시적 상황: 단종을 내쫓고 세조가 왕위에 올랐음.
• 정서와 태도: 여러 임금을 섬기지 않겠다고 다짐함.
• 표현상 특징
　① 초장과 중장의 대구적인 표현을 통한 리듬감을 나타냄.
　② '금'과 '옥'을 성군에 비유하여 아무나 성군이 되는 것이 아님을 표현함.
　③ 임금에 대한 일편단심을 강조하고자 설의법을 사용함.

55 가마귀 눈비 마즈, 박팽년 (단종에 대한 지조와 절개)

가마귀 눈비 마즈 희는 듯 검노미라.

야광명월(夜光明月)이 밤인들 어두오랴.

님 향(向)흔 일편단심(一片丹心)이야 고칠 줄이 이시랴.

🔍 현대어 풀이

까마귀 눈비 맞아 흰 듯 검구나.
한밤중에 빛나는 밝은 달이 밤 된들 어둡겠느냐.
임 향한 일편단심 바꿀 일 있겠느냐?

✏️ 혜선쌤이 한땀한땀 정리한 亦功 작품 정리

- 주제 : 임금(단종)에 대한 변치 않는 충절
- 시적 상황 : 난세에도 충성심을 지키고 있음.
- 정서와 태도 : 충신, 간신의 구별이 어려운 현실을 풍자해 일편단심의 마음을 드러냄.
- 표현상 특징
  ① 설의법 사용을 통해 충절에 대한 본인의 의지를 드러냄.
  ② 대조되는 두 시어(가마귀, 야광명월)와 명과 암의 이미지를 통해 대상을 풍자하고 우회적으로
     주제를 드러냄.
- 문학사적 의의 : 사육신(死六臣)중 한 명인 박팽년의 시조로, 변함없는 충절의 마음을 표현한 절의가
                (絶義歌)임

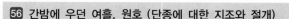

56 간밤에 우던 여흘, 원호 (단종에 대한 지조와 절개)

간밤에 우던 여흘 슬피 우러 지내여다.

이제야 싱각ᄒ니 님이 우러 보내도다.

져 믈이 거스리 흐르고져 나도 우러 녜리라.

🔍 현대어 풀이

간밤에 울던 여울물 슬프게 울며 지나갔구나.
이제서야 생각해 보니 임이 울며 보내는 소리였도다.
저 물 거슬러 흐른다면 나도 울면서 가리라.

✏️ 혜선쌤이 한땀한땀 정리한 亦功 작품 정리

• 주제: 연군의 정과 이별을 안타까워하는 마음
• 시적 상황: 계유정난 때문에 단종이 영월에 유배 간 상황
• 정서와 태도: 임금을 모실 수 없는 안타까운 마음
• 표현상 특징
  ① '여울의 울음 – 임의 울음 – 나의 울음'의 시상 전개 방식이 쓰이고 청각 이미지를 활용함.
  ② '여흘'에 화자의 감정이 이입됨
  ③ '여흘'을 의인화함.
  ④ 영탄법을 구사함.
  ⑤ '믈'은 쫓겨난 임금의 슬픈 마음과 임금에 대한 충성과 그리움의 마음이 투영된 존재로 화자와 임을 연결하는 존재임.

57 초당(草堂)에 일이 업서, 유성원 (단종에 대한 지조와 절개)

초당(草堂)에 일이 업서 거문고를 베고 누워

태평성대(太平聖代)를 쑴에나 보려트니

문전(門前)에 수성어적(數聲魚笛)이 줌든 날을 깨와다.

🔍 현대어 풀이

초당에 한가히 앉았다 거문고 베고 누워
태평성대는 꿈에서나 보려 하였더니
문밖에 나는 어부들의 피리 소리는 잠들었던 나를 깨우는구나.

✏️ 혜선쌤이 한땀한땀 정리한 亦功 작품 정리

• 주제 : 태평성대에 대한 동경
• 시적 상황 : 태평성대를 동경하고 그리워하고 있음.
• 정서와 태도 : 계유정난에 대한 비판적 태도와 부정적 현실에 대한 안타까움.
• 표현상 특징
  ① 시대적 현실(계유정난)을 '수성어적(數聲魚笛)'으로 나타냄.
  ② 현실에 대한 인식이 부정적이다는 것을 태평성대적인 꿈에서 깨는 것을 통해 드러냄.
  ③ '태평성대(太平聖代)'는 화자가 부정적 현실을 안타깝게 생각하며 그리워하면서도 열망하는 대상임.
  ④ 의인법을 통해 의미를 강조함.

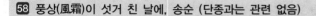

58 풍상(風霜)이 섯거 친 날에, 송순 (단종과는 관련 없음)

풍상(風霜)이 섯거 친 날에 ᄀᆞᆺ 피온 황국화(黃菊花)를

금분(金盆)에 ᄀᆞ득 담아 옥당(玉堂)에 보내오니

도리(桃梨)야 곳이온 양 마라, 님의 뜻을 알괘라.

🔍 현대어 풀이

바람이 불고 서리가 내린 날 갓 피어난 노란 국화꽃을
임금께서 좋은 화분에 담아 홍문관으로 보내 주시니
복숭아꽃과 자두꽃은 꽃인 체도 하지 마라. 국화 보내신 임금의 뜻 알겠구나.

✏️ 혜선쌤이 한땀한땀 정리한 亦功 작품 정리

• 주제: 임금께 변함없이 충성하겠다고 다짐함.
• 시적 상황: 황국화를 받고 임금의 뜻을 헤아려 봄.
• 정서와 태도: 황국화를 받고 나서 친히 황국화를 보내준 임금의 뜻을 따라가겠다고 마음먹음.
• 표현상 특징
 ① '황국화'와 '도리'라는 대조적 시어로 화자의 의지를 드러냄.
 ② '도리'는 변절과 배신을 상징한다. 이와 반대되는 지조와 절개를 상징하는 '황국화'를 통해 두 존재를 대조하여 신하로서 지조와 절개를 지키겠다는 충성심을 드러냄.
 ③ 청자를 설정하여 말을 건네는 어조가 보임.
 ④ '도리'를 의인화하여 간신을 풍자함.
• 문학사적 의의: 조선 전기의 절의가(絕義歌)로 당대 양반 사대부들이 가졌던 유교적 이념을 알 수 있음.

59 내 ᄆᆞ음 버혀 내여, 정철 (단종과는 관련 없음)

내 ᄆᆞ음 버혀 내여 **별돌**을 밍글고져

구만 리 댱텬(長天)의 번드시 걸려 이셔

고온 님 겨신 고ᄃᆡ 가 비최여나 보리라

🔍 현대어 풀이

내 마음 베어 내 별과 달 만들고 싶구나.
아득히 넓고 먼 하늘에 번듯이 떠 있으면서
사랑하는 임 계신 곳에 가서 비추어 보고 싶구나.

✏️ 혜선쌤이 **한땀한땀** 정리한 亦功 작품 정리

• 주제: 사랑하는 임금을 향한 변함없는 충성심.
• 시적 상황: 연군지정(戀君之情)의 상황으로 임(임금)과 헤어져서 임을 걱정함.
• 정서와 태도: 임을 위해 몸과 마음을 바치고자 함.
• 표현상 특징: '별돌'은 임을 향한 끝없는 충성을 비유적으로 드러냄.

조선 전기

3. 양반과 기생의 사랑과 이별

60 무음이 어린 후(後) l 니, 서경덕

무음이 어린 후(後) l 니 후는 일이 다 어리다.

만중운산(萬重雲山)에 어늬 님 오리마는,

지는 닙 부는 부람에 힝여 귄가 후노라.

🔍 현대어 풀이

마음이 어리석으니 하는 일 모두 어리석구나.
구름 겹겹이 쌓여 험난하고 높은 이 산 중에 어느 임이 날 찾아오겠는가마는,
바람 불어 떨어지는 나뭇잎 소리에 혹시 임 오는 소리 아닌가 하노라.

✏️ 혜선쌤이 **한땀한땀** 정리한 **亦功** 작품 정리

• 주제: 임을 그리워하고 기다림
• 시적 상황: 산 속에 살며 사랑하는 사람을 기다림.
• 정서와 태도: 임이 오지 않아 체념하면서도 그래도 지워지지 않는 그리움
• 표현상 특징
  ① 과장과 도치(=지는 닙 부는 부람)를 통해 화자의 정서를 나타냄.
  ② '지는 닙 부는 부람'을 임인줄 착각하는 것을 통해 임을 그리워함을 알 수 있음.

61 내 언제 무신(無信)하여, 황진이

내 언제 무신(無信)하여 님을 언제 소겼관덕

월침삼경(月沈三更)에 온 뜻이 전혀 업닌.

추풍(秋風)에 디는 닙 소리야 낸들 어이 ᄒ리오.

🔍 현대어 풀이

내가 언제 믿음이 없어 임을 언제 속였기에
달도 자는 깊은 밤에도 임 오시는 뜻 전혀 없는가.
가을바람에 떨어지는 잎 소리도 임의 발자국 소리로 들리는 것을 난들 어찌하겠는가?

✏️ 혜선쌤이 한땀한땀 정리한 亦功 작품 정리

• 주제: 임을 간절하게 그리워함.
• 시적 상황: 임을 기다리는 밤에 떨어지는 잎소리에도 초조하게 애를 태우는 상황
• 정서와 태도: 임을 향한 간절하고 애틋한 마음과 그리움, 기다림을 솔직하게 드러냄.
• 표현상 특징
　① 계절과 시간을 알 수 있는 시어와 오해를 부르게 만드는 매개물, 설의법 등을 사용해 화자의 심리상태를 드러냄.
　② 설의법을 통해 안타까움을 강조함.
　③ 청각적 이미지를 사용함.
• 문학사적 의의: 「무음이 어린 후(後)ㅣ니」라는 서경덕의 작품과 연관된 작품으로, 양반 사대부와 기생이 시조라는 매개체로 서로 교류하였음을 알려주는 작품임.

PART 03

62 어져 내 일이야, 황진이

어져 내 일이야 그릴 줄을 모로ᄃ냐,

이시라 ᄒ더면 가랴마ᄂ 제 구ᄐᆞ여

보내고 그리ᄂ 정(情)은 나도 몰라 ᄒ노라.

🔍 현대어 풀이

아아! 내가 한 일이야. 이렇게 임을 그리워할 줄을 미처 몰랐더냐?
있으라 했더라면 굳이 떠나려 했겠냐마는 굳이
보내고 이제 와 새삼 그리워하는 마음 나도 잘 모르겠구나

✏️ 혜선쌤이 한땀한땀 정리한 亦功 작품 정리

• 주제: 임을 그리워하며 이별을 한탄함.
• 시적 상황: 임을 잡지 못해 임이 떠나버린 이후
• 정서와 태도: 임을 잡지 못해 찾아온 후회와 안타까움.
• 표현상 특징
  ① 초장에서 설의법을 통해 화자의 정서를 강조함.
  ② 중장에서 도치법이 나타남.
  ③ 중장에서 중의법을 사용해 안타까워하는 화자의 마음을 강조함.
  🏆 행간걸침과 관련된 중의적 표현
    : 1) 임이 굳이 (가셨겠냐만) 2) 내가 굳이 (임을 보내고)
  ④ '보내고 그리ᄂ 정(情)'은 임을 떠나보냈던 화자의 내적 갈등을 잘 보여줌.
• 문학사적 의의: 고려 가요 '가시리', '서경별곡'과 현대시 '진달래꽃'과 함께 대표적 이별가로 알려져
                있음.

63 산(山)은 녯 산(山)이로되, 황진이

산(山)은 녯 산(山)이로되 물은 녯 물이 안이로다.

주야(晝夜)에 흘은이 녯물리 이실쏜야.

인걸(人傑)도 물과 굿아야 가고 안이 오노매라.

🔍 현대어 풀이
산은 옛날 그 산이나 물은 그 옛날 물이 아니로다.
밤낮 쉬지 않고 흐르니 옛날 물이 있을 수 있겠는가.
사람도 물과 같아 한 번 가고 다시 오지 않는구나.

🖊 혜선쌤이 한땀한땀 정리한 亦功 작품 정리

• 주제 : 임을 그리워하면서 인생무상(人生無常)의 태도를 지님.
• 시적 상황 : 떠난 임을 그리워하면서도 산과 물의 모습을 보며 인생을 관조적 태도로 바라봄.
• 정서와 태도
 ① '인걸'을 서경덕으로 해석 : 임을 그리워하는 마음
 ② '인걸'을 일반인으로 해석 : 관조적으로 인생을 바라봄(인생무상)
• 표현상 특징
 ① 설의법을 통해 주제를 강조함.
 ② 산과 물을 대조시켜 시상을 전개함.
 ③ '물과 굿아야'는 '인걸'이 누구냐에 따라 해석이 달라지나 한 번 떠나면 다시 오지 않는 존재로
  화자의 슬픈 감정을 유발한다는 점에서는 같음. (시 창작의 계기가 되기도 함.)

64 청산리(靑山裏) 벽계수(碧溪水) | 야, 황진이

청산리(靑山裏) 벽계수(碧溪水) | 야 수이 감을 자랑 마라.

일도창해(一到滄海)ᄒ면 도라오기 어려오니,

명월(明月)이 만공산(滿空山)ᄒ니 수여 간들 엇더리.

🔍 현대어 풀이

청산 속에 흐르는 푸른 시냇물아, 쉽게 감(=빨리 흘러간다) 자랑 마라.
한 번 넓은 바다에 이르면 다시 청산으로 돌아오기 어려우니
밝은 달 산에 가득 차 있는, 이 좋은 밤 나랑 같이 쉬어감이 어떠냐?

✏️ 혜선쌤이 한땀한땀 정리한 亦功 작품 정리

• 주제: 인생은 덧없으니 자신과 함께 즐기자고 권유
• 시적 상황: 벽계수를 유혹하고 있음.
• 정서와 태도: 상대방에게 현재 인생의 순간을 즐길 것을 강조하는 낭만적 태도를 지님.
• 표현상 특징
  ① 영원한 '청산'과 가변하는 '벽계수'를 대조함.
  ② 중의적 표현이 사용됨
    '벽계수' = 1) 푸른 시냇물 2) 시적 대상의 이름
    '황진이' = 1) 밝은 달 2) 화자의 기생 이름
    '일도창해' = 1) 사람이 늙거나 죽음을 비유
              2) 인생을 즐기기에 최적인 순간(젊은 시절)을 비유
  ③ 비유의 표현으로 인생을 즐기라고 강조함.
  ④ '일도창해(一到滄海)ᄒ면'을 통해 인생이 한 번뿐임을 알려서 현재의 삶을 즐길 것을 강조함.
  ⑤ 청자를 설정하여 말을 건네는 어조를 사용함.
  ⑥ 설의법을 통해 주제를 강조함.

65 청산(青山)은 내 쏫이오, 황진이

청산(青山)은 내 쏫이오 녹수(綠水)는 님의 정(情)이,

녹수(綠水) 흘러간들 청산(青山)이야 변(變)ᄒ올손가.

녹수(綠水)도 청산(青山)을 못 니져 우러 예어 가는고.

🔍 현대어 풀이

청산은 나의 뜻이요, 녹수는 임의 정이로다.
녹수야 흘러 흘러간다지만 청산이 녹수같이 변하겠는가.
녹수도 청산을 잊지 못해 울며 흘러가는구나.

✏️ 혜선쌤이 한땀한땀 정리한 亦功 작품 정리

- 주제: 임을 향한 사랑이 변치 않음을 보여 줌.
- 시적 상황: 임이 떠나서 그리워하고 있음
- 정서와 태도: 임을 향한 변함없는 사랑과 그리움
- 표현상 특징
  ① 기존과 다른 자연 인식을 통해 독창적인 심상을 선보임.
  ② '임'을 보여 주는 '녹수'와 '나'를 보여 주는 '청산'을 대립함.
  ③ '녹수'와 '청산'을 동일시하는 감정 이입을 사용함.
  ④ '청산(青山)이야 변(變)ᄒ올손가'에서 변함없이 임을 사랑함을 청산에 비유함.
- 문학사적 의의: 기녀 시조는 문학 창작 계층의 다양화뿐만 아니라 이미지나 표현 역시 다양해졌음
  을 보여줌.

66 청초(靑草) 우거진 골에, 임제

청초(靑草) 우거진 골에 자는다 누어는다.

홍안(紅顔)을 어듸 두고 백골(白骨)만 무쳣는다.

잔(盞) 자바 권(勸)홀 이 업스니 그를 슬허ᄒ노라.

🔍 현대어 풀이

청초 우거진 골에서 자느냐 누웠느냐.
아름다운 얼굴은 어디 가고 백골 묻혔느냐.
잔을 잡아 권할 이가 없으니 그것을 슬퍼하노라.

✏️ 혜선쌤이 한땀한땀 정리한 亦功 작품 정리

• 주제: 황진이를 애도하며 느낀 인생무상
• 시적 상황: 황진이의 무덤에서 고인을 애도하며 그리워함.
• 정서와 태도: 인생무상(人生無常) 태도가 드러남.
• 표현상 특징
  ① 색채 대비를 통해 인생무상을 강조함.
  ② '백골(白骨)'은 황진이의 죽음을 표현함으로써 그녀의 죽음을 슬퍼하며 인생의 허무함을 나타냄.
  ③ 설의법을 통해 정서를 강조함.
• 문학사적 의의: 황진이의 문학적 재능과 외모에 대한 흠모가 어느 정도였는가를 잘 보여 준 작품임.

67 이화우(梨花雨) 훗쑐릴 제, 계량

이화우(梨花雨) 훗쑐릴 제 울며 잡고 이별(離別)ㅎ 님,

추풍낙엽(秋風落葉)에 저도 날 싱각ᄂ가.

천 리(千里)에 외로운 쑴만 오락가락 ᄒ노매.

🔍 현대어 풀이

배꽃 흩날리던 때 울고 불며 헤어진 임
가을 바람 낙엽 지는 이 때에 역시 날 생각해 주실까?
천 리 길 머나먼 곳 외로운 꿈이 오락가락 하는구나.

✏️ 혜선쌤이 한땀한땀 정리한 亦功 작품 정리

• 주제 : 이별의 정한과 임에 대한 그리움
• 시적 상황 : 이별 후 떠난 임을 그리워함.
• 정서와 태도 : 임을 그리워하며 다시 만날 것을 소망함.
• 표현상 특징
① '이화우'는 봄을, '추풍낙엽'은 가을을 보여 주므로 초장과 중장에서 임과 시간적 거리감을, '천 리(千里)에'는 공간적 거리감을 제시하며 화자의 그리움을 심화시킴.
② 하강의 이미지를 통해 이별의 상황을 강조함.
③ 이별의 정한을 표현하고자 은유법('외로운 쑴' = 임에 대한 그리움)을 사용함.
④ 설의법을 통해 정서를 강조함.

조선 전기

4. 유교적인 덕목 (교훈)

68 오륜가(五倫歌), 주세붕

☐1 사룸 사룸마다 이 말솜 드러스라.

　　이 말솜 아니면 사룸이오 사룸 아니

　　이 말솜 닛디 말오 빈호고야 마로리이다.

🔍 **현대어 풀이**

사람 사람들마다 이 말씀 들으십시오.
이 말씀 아니면 사람이면서 사람이 아닌 것이니
이 말씀 잊지 않고 배우고야 말 것입니다.

▶ 제1수 서론

☐2 어바님 날 나ᄒ시고 어마님 날 기르시니

　　부모옷 아니시면 내 모미 업슬랏다.

　　이 덕을 갑프려 ᄒ니 하늘ᄀ이 업스샷다.

🔍 **현대어 풀이**

아버님 날 낳으시고 어머님 날 기르시니
부모님 아니라면 내 몸이 없었을 것입니다.
이 덕 갚으려 하니 하늘처럼 끝이 없습니다.

▶ 제2수 〈부자유친(父子有親)〉

③ 둉과 항것과를 뉘랴셔 삼기신고.

벌와 가여미사 이 뜨들 몬져 아니.

혼 무슨매 두 뜯 업시 속이지나 마옵새이다.

🔍 현대어 풀이

종과 상전의 구별을 누가 만들었는가?
벌과 개미들이 이 뜻을 먼저 아는구나.
한 마음에 두 뜻을 가지는 일 없도록 속이지나 마시오.

▶ 제3수 〈군신유의(君臣有義)〉

④ 지아비 밭 갈라 간 듸 밥고리 이고 가,

반상(飯床)을 들오듸 눈섭의 마초이다.

진실노 고마오시니 손이시나 다른실가.

🔍 현대어 풀이

남편 밭 갈러 간 곳에 밥 담은 고리짝 이고 가서
밥상 들되 눈섭 높이까지 공손히 맞추어 바칩니다.
진실로 고마우신 분이시니 손님 대하는 것과 무엇이 다르겠습니까?

▶ 제4수 〈부부유별(夫婦有別)〉

⑤ 형님 자신 져즐 내 조차 머궁이다.

어와 뎌 아아야 어마님 너 스랑이아.

형제옷 불화(不和)ᄒ면 개도티라 ᄒ리라.

🔍 현대어 풀이

형님이 잡수신 젖 내가 따라 먹습니다.
아아, 우리 아우야, 넌 어머님의 사랑이로다.
형제끼리 화목하지 못하면 개, 돼지라 할 것입니다.

▶ 제5수 〈형제우애(兄弟友愛)〉

6 늘그니는 부모 곧고 얼우는 형▽투니,

곧튼디 불공(不恭)ᄒ면 어듸가 다ᄅᆞᆯ고.

날료셔 ᄆᆞ디어시든 절ᄒᆞ고야 마로리이다.

🔍 현대어 풀이

노인은 부모 같고 어른은 형 같으니
이와 같은데 공손하지 아니하면 짐승과 무엇이 다른 것인가?
나로서는 노인과 어른들을 맞이하게 되면 절하고야 말 것입니다.

▶ 제6수 〈장유유서(長幼有序)〉

✏️ 혜선쌤이 한땀한땀 정리한 亦功 작품 정리

• 주제 : 삼강오륜의 교훈을 가르침
• 시적 상황 : 백성들이 지켜야 할 도리를 깨닫게 하려 함.
• 정서와 태도 : 상대방을 가르쳐 깨닫게 하려고 함.
• 표현상 특징
 ① 교훈을 직접적으로 전달하고자 비유와 대구, 설의적 표현법을 사용함.
 ② '이 덕을 갑ᄑᆞ려 ᄒᆞ니', 'ᄒᆞᆫ ᄆᆞᆷ매 두 ᄠᅳᆮ 업시', '진실노 고마오시니 손이시나 다ᄅᆞᆯ실가', '형제옷 불화(不和)ᄒ면 개도티라 ᄒᆞ리라', '늘그니는 부모 곧고 얼우는 형▽투니,' 등 삼강오륜의 주제를 강조하는 시구들이 있음.
• 문학사적 의의 : 총 6수로 이루어진 연시조로, 백성들을 가르치려는 훈민 시조의 시초로 목적 문학의 성격을 지님.

69 도산십이곡(陶山十二曲), 이황

1 이런들 엇다ᄒᆞ며 뎌런들 엇다ᄒᆞ료.

초야우생(草野愚生)이 이러타 엇다ᄒᆞ료.

ᄒᆞ믈며 천석고황(泉石膏肓)을 고텨 무슴ᄒᆞ료.

🔍 현대어 풀이

이런들 어떠하며 저런들 어떠하랴?
시골에 묻혀 사는 어리석은 사람 이렇게 산다고 하여 어떠하랴?
더구나 자연을 버리고서 살 수 없는 마음 고쳐 무엇하랴?

2 연하(煙霞)로 지블 삼고 풍월(風月)로 버들 사마

태평성대(太平聖代)예 병(病)오로 늘거 가뇌

이 듕에 ᄇᆞ라는 이른 허므리나 업고쟈

🔍 현대어 풀이

안개와 노을을 집으로 삼고, 바람과 달을 벗으로 삼아
태평성대에 병으로 늙어 가네.
이 중에 바라는 것은 허물이나 없이 살아가는 것이로다.

9 고인(古人)도 날 몯 보고 나도 고인(古人)몯 뵈.

고인(古人)을 몯 뵈도 녀던 길 알ᄑᆡ 잇ᄂᆡ.

녀던 길 알ᄑᆡ 잇거든 아니 녀고 엇뎔고.

🔍 현대어 풀이

옛 성현 날 못 보고 나 역시 옛 성현 보지 못해
옛 성현 못 뵈어도 가던 길 앞에 있네.
가던 길 앞에 있는데 가지 않고 어찌할 것인가?

10 당시(當時)에 녀던 길흘 몃 히룰 부려 두고,

　　어듸 가 둔니다가 이제사 도라온고.

　　이제야 도라오나니 년 듸 무슴 마로리.

🔍 현대어 풀이

그 당시 가던 길 몇 해씩이나 버려두고
어디 가 다니다가 이제서야 돌아왔는가?
이제서야 돌아왔으니 딴 마음 먹지 않으리.

---

11 청산(靑山)은 엇뎨ᄒᆞ야 만고(萬古)애 프르르며,

　　유수(流水)는 엇뎨ᄒᆞ야 주야(晝夜)애 긋디 아니ᄂᆞᆫ고.

　　우리도 그치지 마라 만고상청(萬古常靑)호리라.

🔍 현대어 풀이

청산은 어찌하여 영원히 푸르며
흐르는 물은 어찌하여 밤낮 그치지 않는가?
우리 역시 그치지 말아 언제나 푸르리라

✏️ 혜선쌤이 **한땀한땀** 정리한 **亦功** 작품 정리

• 주제 : 자신을 도야하고 학문 수양에 정진하겠다는 각오.
• 시적 상황 : 도산 서원의 주변 풍경을 보며 학문 수양에 정진하겠다는 의지를 나타냄.
• 정서와 태도 : 도산 서원에서 살아감에 만족하면서도 학문 수양에 정진하려고 함.
• 표현상 특징
　① 주제를 부각시키고자 반복과 설의, 대구를 사용함.
　② 9수와 10수에 연쇄법이 사용됨. 까다롭고 난해한 한자어를 다수 사용함.
　③ '아니 녀고 엇멸고', '만고상청(萬古常靑)' 등의 시구는 학문 수양에 정진하겠다는 화자의 의지가
　　 담겨 있음.
• 문학사적 의의 : 성리학에 능통한 작가가 자신의 삶의 방식과 가치관을 드러낸 작품으로, 유학자가
　　　　　　　　 조선 전기 연시조가 발전하는데 기여했다는 것을 알 수 있게 함.

70 고산구곡가(高山九曲歌), 이이

[0] 고산구곡담(高山九曲潭)을 살롬이 몰으든이,

　　주모복거(誅茅卜居)ᄒ니 벗님네 다 오신다.

　　어즙어, 무이(武夷)를 상상(想像)ᄒ고 학주자(學朱子)를 ᄒ리라.

🔍 현대어 풀이

고산의 아홉 구비 골짜기 사람은 모르니
풀 베고 터 닦아 집 세우니 벗들 다 오신다.
아아, 무이산에서 주자가 후학을 가르친 것 생각하고 주자를 본받으리라.

▶ 서사

[1] 일곡(一曲)은 어드믜고 관암(冠巖)에 ᄒ빗췬다.

　　평무(平蕪)에 닉 거든이 원근(遠近)이 그림이로다.

　　송간(松間)에 녹준(綠樽)을 녹코 벗 온 양 보노라.

🔍 현대어 풀이

일곡은 어디인가? 갓 모양 바위에 해가 비친다.
잡초 무성한 들판에 안개 걷히니 먼 곳과 가까운 곳이 모두 그림 같구나.
소나무 사이 술잔 내려 놓고 벗 온 것처럼 보노라.

[2] 이곡(二曲)은 어드믜고 화암(花巖)에 춘만(春滿)커다.

　　벽파(碧波)에 곳츨 씌워 야외(野外)에 보내노라.

　　살룸이 승지(勝地)를 몰온이 알게 흔들 엇더리.

🔍 현대어 풀이

이곡은 어디인가? 꽃바위에 봄 가득하구나.
푸른 물결에 꽃 띄워 들 밖에 보내노라.
사람이 아름다운 이곳 모르니 꽃보고 알게 한들 어떠한가?

③ 삼곡(三曲)은 어드미고 취병(翠屛)에 닙 퍼젓다.

　　녹수(綠樹)에 산조(山鳥)는 하상기음(下上其音)ᄒᄂᆫ 적의

　　반송(盤松)이 수청풍(受淸風)ᄒᆞ이 녀름 경(景)이 업ᄉᆞ라.

🔍 현대어 풀이

삼곡은 어디인가? 병풍 같은 절벽에 잎 퍼졌구나.
푸른 숲 산새 높게, 낮게 지저귈 때
키작고 넓게 퍼진 소나무 맑은 바람에 흔들리니 여름 경치 이보다 좋은 곳 없겠구나.

---

⑦ 칠곡(七曲)은 어드미고 풍암(楓巖)에 추색(秋色)됴타.

　　청상(淸霜)이 엷게 치니 절벽(絶壁)이 금수(錦繡)ㅣ로다.

　　한암(寒巖)에 혼자 안쟈서 집을 닛고 잇노라.

🔍 현대어 풀이

칠곡은 어디인가? 단풍 가득한 바위에 가을 빛 좋구나.
맑은 서리 엷게 치니 절벽이 수놓은 비단 같구나.
서늘한 바위에 혼자 앉아서 집에 가는 것 잊고 있노라.

✏️ 혜선쌤이 한땀한땀 정리한 亦功 작품 정리

- 주제: 고산구곡에서 보인 자연에 대한 예찬과 '주자'같이 자연에 은거하며 후학을 키우는 즐거움
- 시적 상황: 고산의 구곡에서 자연을 감상하면서 후학 또한 키워내고자 함.
- 정서와 태도: 구곡에 펼쳐진 자연의 모습에 감탄과 예찬을 하며 학문의 즐거움도 보여 줌.
- 표현상 특징
  ① '~곡은 어드미고 ~다'를 반복을 통해 통일성과 안정성을 가져옴.
  ② 자연을 예찬하고 학문의 즐거움도 나타내고자 중의적 표현을 사용함.
  💡 서사 ⓪에서의 '몰으든이'
  　　1) 경치를 모른다. 2) 학문의 공부하는 법을 모른다.
  💡 ②의 '승지'
  　　1) 경치가 좋은 곳 2) 학문을 수양하는 곳
  ③ 장소와 자연 경치를 제시하여 실제 지형과 맞춰서 사실성을 부여함.
  ④ 고산의 아홉 구비 구곡(九曲=골짜기)에 맞게 9수의 시조를 배치하고 서사에 시조 창작 계기까지 제시하여 10수로 이루어진 연시조임.
  ⑤ 서사의 '학주자(學朱子)'는 '주자'가 이이가 본받은 사람임을 말해 줌과 동시에 '주자'의 「무이도가(武夷櫂歌)」를 본떠서 작품을 썼음을 말해주며 이 작품의 주제를 암시하는 단어이기도 함.

71 오륜가(五倫歌), 김상용

[1] 어버이 자식(子息) 〈이 하늘 삼긴 지친(至親)이라.

　부모곳 아니면 이 몸이 이실소냐.

　오조(烏鳥)도 반포(反哺)를 ᄒᆞ니 부모 효됴ᄒᆞ여라.

🔍 현대어 풀이

어버이와 자식 사이 하늘이 만든 사이라.
부모님이 아니면 이 몸 있겠는가?
까마귀도 반포지효 하니 부모에게 효도하여라.

▶ 제1수 〈부자유친(父子有親)〉

[2] 님군을 섬기오ᄃᆡ 정(正)ᄒᆞᆫ 길노 인도(引導)ᄒᆞ야

　국궁진쵀(鞠躬盡瘁)ᄒᆞ야 죽은 후(後)의 마라ᄉᆞ라.

　가다가 불합(不合)곳ᄒᆞ면 믈너간들 엇더리.

🔍 현대어 풀이

임금 섬기되 바른 길로 인도하여
몸과 마음 다해 힘쓰고 죽은 후 그만두어라.
벼슬을 하다가 임금하고 뜻이 맞지 않으면 벼슬길 물러난들 어떠리.

▶ 제2수 〈군신유의(君臣有義)〉

[3] 부부(夫婦)라 ᄒᆡ온거시 눔으로 되어이셔

　여고슬금(如鼓瑟琴)하면 긔 아니 즐거오냐.

　그러코 공경곳 아니면 즉동금수(卽同禽獸)ᄒᆞ리라.

🔍 현대어 풀이

부부라 하는 것 남으로 되어 있어
부부간 사랑 지극하면 그것은 즐겁지 않겠는가?
그러면서 공경하지 않으면 짐승과 마찬가지이리라.

▶ 제3수 〈부부유별(夫婦有別)〉

④ 형제(兄弟) 두 몸이나 일기(一氣)로 는화시니

　　인간(人間)의 귀(貴)ᄒ거시 이 외(外)예 쏘잇ᄂ가.

　　갑 주고 못 어들 거슨 이쑨인가 ᄒ노라.

🔍 현대어 풀이

형제 두 몸이나 한 부모의 정기에서 나뉘었으니
인간에게 귀한 것 이외에 또 있는가?
돈 주고도 못 얻을 것 이뿐인가 하노라.

▶ 제4수 〈형제우애(兄弟友愛)〉

⑤ 벗을 사괴오ᄃᆡ 처음의 삼가ᄒ야

　　날도곤 나으니로 ᄀᆞᆯ ᄒ여 사괴여라.

　　종시(終始)히 신의(信義)를 딕희여 구이경지(久而敬之)ᄒ여라.

🔍 현대어 풀이

벗 사귀되 처음에는 경계하여
나보다 나은 사람으로 가려서 사귀어라.
처음부터 끝까지 신의를 지켜서 오래도록 공경하여라.

▶ 제5수 〈붕우유신(朋友有信)〉

✏️ 혜선쌤이 **한땀한땀** 정리한 *亦功* 작품 정리

- 주제: 백성이 지켜야 할 **삼강오륜 강조**
- 시적 상황: 유교적 오륜덕목을 백성들에게 가르침.
- 정서와 태도: 상대방을 가르치고 깨닫게 하려고 함.
- 표현상 특징
  ① 한자어를 많이 사용함.
  ② 교훈의 직접 전달을 위해 비유와 설의적 표현을 사용함.
  ③ '반포(反哺)', '국궁진췌(鞠躬盡瘁)', '여고슬금(如鼓瑟琴)', '구이경지(久而敬之)' 등의 시어는 삼강
  　 오륜의 주제를 부각함.
- 문학사적 의의: 백성을 가르치는 훈민 시조로 교훈적인 주제는 잘 드러나지만 한자어를 많이 사용
  　　　　　　　 함으로 인해 문학적인 측면에서나 전달적 측면에서는 효과가 떨어짐.

조선 전기

5. 술 마시는 풍류

72 재너머 성권농(成勸農) 집에, 정철

재너머 성권농(成勸農) 집의 술 익닷 말 어제 듣고,

누운 소 발로 박차 언치 놓아 지즐 타고

아이야 네 권농(勸農) 계시냐 정좌수 왔다 하여라.

🔍 현대어 풀이

언덕 너머에 성권농 집에 술 익었다는 말 어제 듣고
누운 소를 발로 박차고 담요 덮고 그 위 올라 타고
아이야, 네 성권농이 계시냐, 정좌수 왔다 전하여라.

✏️ 혜선쌤이 **한땀한땀** 정리한 **亦功** 작품 정리

- 주제: 친구를 만나서 함께 술 마시며 즐기고픔.
- 시적 상황: 술 익은 소식에 소 타고 성권농 집을 방문함.
- 정서와 태도: 성권농 집에 방문해 술 마시며 흥취를 만끽하고 싶음.
- 표현상 특징
  ① 중장과 종장 사이 소를 타고 나서 친구 집을 방문한 과정이 생략되어 시상 전개 속도를 빠르게 함. 이를 통해 친구를 만나고 싶은 화자의 마음을 해학적으로 드러냄.
  ② 초장의 '술'은 성권농 집에 가는 동기를 만들어주며, 전원생활의 풍류 역시 느끼게 함.
  ③ 청자에게 말을 건네는 어조를 사용함.
- 문학사적 의의: 송강 정철이 유배 중에 근처에 살고 있는 성혼의 집에 방문하는 모습을 시조로 표현한 작품임.

73 대쵸 볼 불근 골에, 황희

대쵸 볼 불근 골에 밤은 어이 뜻드르며,

벼 뷘그르헤 게는 어이 누리는고.

술 닉쟈 체 쟝亽 도라가니 아니 먹고 어이리.

🔍 현대어 풀이

대추 붉게 익은 골짜기에 밤 어찌 떨어지며
벼를 벤 그루터기에 민물 게 어찌 내려와 기어 다니는가.
술 익고 체 장사꾼 돌아가니 안 먹고 어찌하리

✏️ 혜선쌤이 한땀한땀 정리한 亦功 작품 정리

• 주제 : 깊어가는 가을날 농촌에서 흥취를 느낌.
• 시적 상황 : 가을날 농촌에서 음주를 하려고 함.
• 정서와 태도 : 가을날 농촌에서 여유와 풍류를 즐기려 함.
• 표현상 특징
  ① 질문하는 방식과 초장, 중장에서 대구적 표현을 사용해 가을의 깊어감을 표현함.
  ② 중장의 '벼 뷘'은 추수 후 풍요로워진 농촌의 가을을 뜻함.

조선 전기

6. 무인의 기상

74 삭풍(朔風)은 나모 긋희 불고, 김종서

삭풍(朔風)은 나모 긋희 불고 명월(明月)은 눈 속에 츤듸,

만리변성(萬里邊城)에 일장검(一長劍) 집고 셔셔,

긴 프롬 큰 흔 소릐예 거틸 거시 업셰라.

🔍 현대어 풀이

매서운 북풍 나뭇가지 흔들고, 밝은 달 눈 위에 차갑게 비치는데
머나먼 변방 성 위에서 긴 칼 한 자루 짚고 서서
휘파람 길게 불며 큰소리 지르니 세상 꺼릴 것 없구나.

🖋 혜선쌤이 **한땀한땀** 정리한 **亦功** 작품 정리

• 주제: 변방을 지키는 무인의 기상과 절개
• 시적 상황: 혹한 속에서 변방의 성 위에서 칼을 잡고 서 있음.
• 정서와 태도: 변방을 지키려는 호방한 기상, 절개, 의지가 드러남.
• 표현상 특징
 ① 화자의 기상, 절개를 나타내고자 대구법, 영탄법을 사용함.
 ② '일장검(一長劍)', '긴 프롬 큰 흔 소릐' 등의 시구를 통해 대장부의 당찬 기개, 의지를 형상화함.

75 장백산(長白山)에 기를 꽂고, 김종서

장백산(長白山)에 기를 꽂고 두만강(豆滿江)에 말을 싯겨

서근 저 선비야 우리 아니 사나히냐.

어떠타 인각화상(麟閣畵像)을 누고 몬저 하리오.

🔍 현대어 풀이

백두산에 깃발 꽂고 두만강에 말을 씻겨 보니
썩은 저 선비들아, 우리는 사내 대장부 아니더냐?
기린각에 과연 누구 화상이 먼저 걸리겠는가?

✏️ 혜선쌤이 **한땀한땀** 정리한 **亦功** 작품 정리

• 주제 : 나라에 공을 세우려는 무인의 호방하고 당찬 기개
• 시적 상황 : 육진을 개척하려고 전쟁터에 있음.
• 정서와 태도 : 육진 개척 반대 세력들을 비판하고, 후대에 알릴 업적을 세우겠다고 다짐함.
• 표현상 특징
  ① 나약한 관리들을 비판하기 위해 청자를 설정하여 말을 건네는 어조를 사용함.
  ② '인각화상(麟閣畵像)'은 나라에 공훈을 세워 후세에 이름을 남기겠다는 화자의 포부가 드러남.

76 장검(長劍)을 빼어 들고, 남이

장검(長劍)을 빼어 들고 백두산(白頭山)에 올라 보니

대명천지(大明天地)가 성진(腥塵)이 줌겨세라.

언제나 남북풍진(南北風塵)을 헤쳐 볼고 ᄒ노라.

🔍 현대어 풀이

긴 칼 빼 들고 백두산에 올라와 보니
환하게 밝은 세상 피비린내 나는 혼란에 잠겨 있구나.
언제쯤 남북의 오랑캐들이 일으키는 전쟁을 평정할까 하노라.

✏️ 혜선쌤이 한땀한땀 정리한 亦功 작품 정리

• 주제 : 무인의 씩씩한 기상과 꿋꿋한 절개.
• 시적 상황 : 침략과 약탈로 나라가 위태로움.
• 정서와 태도 : 장군으로서의 씩씩한 기상와 포부
• 표현상 특징
  ① 우국의 마음과 의지적 성격이 드러남.
  ② 무인의 당당한 기상을 직설적으로 표현함.
  ③ '남북풍진(南北風塵)'은 남과 북의 오랑캐를 나타내는 것으로 '남북풍진(南北風塵)을 헤쳐 볼고 ᄒ노라'는 위기에 빠진 나라를 구하겠다는 의지를 나타내고 있음.

77 한산섬 둘 불근 밤의, 이순신

한산섬 둘불근 밤의 수루(戍樓)에 혼자 안자

큰 칼 녀픠 추고 깊은 시름 ᄒᆞᄂᆞᆫ 적의,

어디서 일성호가(一聲胡笳)는 놈의 애를 긋ᄂᆞ니

🔍 **현대어 풀이**

한산섬의 달이 밝은 밤 수루에 혼자 앉아
큰 칼 옆에 차면서 깊은 시름 할 때에,
어디에서 들려오는 한 가락의 피리 소리 나의 애를 끊는 듯하구나.

✏️ 혜선쌤이 **한땀한땀** 정리한 **亦功** 작품 정리

- 주제 : 나라를 걱정하는 이순신의 우국충정(憂國衷情)
- 시적 상황 : 한산섬의 수루에 혼자 있음.
- 정서와 태도 : 나라 걱정에 괴로워하고 고민함.
- 표현상 특징
  ① 비극적 분위기를 보여 주고자 청각적 이미지를 활용함.
  ② '깊은 시름'이라 표현하여 임진왜란으로 인한 혼란의 상황에 대한 화자의 걱정하는 마음을 드러냄.

조선 전기

7. 더 학습하기

78 무음아 너는 어이, 서경덕

무음아 너는 어이 미양에 져멋는다.

내 늘글 적이면 녠들 아니 늘글소냐.

아마도 너 좃녀 드니다가 놈 우일가 하노라.

🔍 현대어 풀이

마음아 넌 어찌 늘 젊어 있느냐.
내가 늙으면 너인들 늙지 않을 줄 아느냐.
아마도 널 좇아 다니다 남 웃길까 걱정되는구나.

✏️ 혜선쌤이 **한땀한땀** 정리한 **亦功** 작품 정리

- 주제: 나이가 들어 늙게 된 것에 대한 안타까움과 체념.
- 시적 상황: 몸은 늙었는데 마음은 젊을 때와 같음.
- 정서와 태도: 나이가 들어 늙음을 탄식함.
- 표현상 특징
  ① '너'로 설정된 마음에게 말을 건네는 방식으로 표현함.
  ② 마음을 '너'로 나타냄(의인법 사용).
  ③ '너 좃녀 드니다가 놈 우일가 하노라'라고 하여 마음은 젊지만 몸은 늙어서 몸이 마음을 못따라
  가는 화자의 상황에 대한 안타까움을 드러냄.
  ④ 설의법을 통해 주제를 강조함.

79 곳치 진다 ᄒ고, 송순

곳치 진다 ᄒ고 새들아 슬허 마라.

ᄇᄅᆷ에 훗늘리니 곳체 탓 아니로다.

가노라 희짓ᄂᆫ 봄을 새와 므슴ᄒ리오

현대어 풀이

꽃 떨어진다고 새들아 슬퍼 말아라.
바람에 흩어져 날리니 꽃의 잘못 아니로다.
지나가느라고 심술부리는 봄을 시샘해 무엇하리오.

혜선쌤이 한땀한땀 정리한 亦功 작품 정리

• 주제: 당쟁(을사사화)으로 죽은 자들에 대한 안타까움, 체념
• 시적 상황: 봄날 꽃이 떨어짐을 인간사와 연결지음.
• 정서와 태도: 당쟁 때문에 죽은 사람들에 대한 안타까움과 체념이 나타남.
• 표현상 특징
 ① 자연물에 빗대어 부정적 현실을 풍자함.
 ② '곳체 탓 아니로다', '새와 므슴 ᄒ리오' 등의 시구로 화자가 현실을 어떻게 인식하는지 보여 줌.
 ③ '새'를 의인화하여 안타까운 감정을 강조함.
 ④ 설의법을 통해 현실의 풍자를 드러냄.

80 냇ㄱ에 히오라비, 신흠

냇ㄱ에 히오라비 므스 일 셔 잇는다.

무심(無心)흔 져 고기를 여어 무슴 흐려는다.

두어라 흔 믈에 잇거니 니저신들 엇드리.

🔍 현대어 풀이

냇가에 있는 해오라기(=당쟁을 일삼는 무리)야! 무슨 일이 있어 서 있느냐?
무심한 저 물고기(=반대 당파) 엿보아서 뭘 하려느냐?
같은 물(=같은 조정)에 있으니 물고기를 잊는 것 어떻겠는가?

✏️ 혜선쌤이 한땀한땀 정리한 亦功 작품 정리

• 주제: 당쟁을 끝내어 조정이 화합할 것을 당부함.
• 시적 상황: 해오라기가 물고기를 노리는 상황.
• 정서와 태도: 당파싸움을 조장하는 사람들을 비판하며 조정이 화합할 것을 당부함.
• 표현상 특징
  ① 현실을 풍자하는 것을 우의적인 방식을 통해 드러냄.
  ② '흔믈에 잇거니'는 상황 인식을, '니저신들 엇드리'는 작가의 주된 주제 의식인 화합함을 보여 줌.
  ③ 설의법, 영탄법이 쓰임.

81 우히 두 돌부텨, 정철

길 우히 두 **돌부텨** 벗고 굶고 마조 셔셔

ᄇᆞ람비 눈서리ᄅᆞᆯ 맛도록 마즐만졍

인간(人間)에 이별(離別)을 모ᄅᆞ니 그를 불워ᄒᆞ노라.

🔍 현대어 풀이

길 위 두 돌부처가 옷 벗고 밥 굶고 마주 서서
바람, 비, 눈, 서리 맞을 대로 맞을망정
인간 세상의 이별 모르니 그를 부러워하노라.

✏️ 혜선쌤이 **한땀한땀** 정리한 **亦功** 작품 정리

• 주제 : 이별이 주는 슬픔
• 시적 상황 : 돌부처를 보고 있는 상황
• 정서와 태도 : 돌부처는 이별을 모르는 존재라 부러워 함.
• 표현상 특징
① 의인법을 통해 주제를 강조함.
② 인간의 상황과 돌부처를 대조하였음.
③ 이별의 아픔을 모르는 돌부처를 통해 이별의 고통을 강조함.

82 나모도 병이 드니, 정철

나모도 병이 드니 뎡즈라도 쉬리 업다.

호화이 셔신 제는 오리 가리 다 쉬더니,

닙디고 가지 것근 후는 새도 아니 안는다.

🔍 현대어 풀이
나무도 병들면, 정자나무라도 쉴 사람 없다.
나무가 무성해 호화로이 서 있을 땐 오가는 이들 다 쉬더니,
잎 떨어지고 가지 꺾인 후엔 새마저 앉지 않는구나.

✏ 혜선쌤이 한땀한땀 정리한 亦功 작품 정리
• 주제: 세력이 있을 때는 따르나 세력이 없어지면 푸대접하는 염량세태(炎涼世態)적 세상을 비판
• 시적 상황: 나무가 병들어 쇠락하니 아무도 찾지 않음.
• 정서와 태도: 상황 변화에 쉽게 이끌리는 세상을 우의적으로 비판함.
• 표현상 특징
  ① 상황 대조와 더불어 세상사를 자연물에 빗대고 우의적으로 화자의 인식을 드러냄.
  ② 주제를 부각하고자 '오리 가리 다 쉬더니'와 '새도 아니 안는다'라는 두 구절을 대조적으로 사용함.
• 문학사적 의의: 작가가 당쟁 중 여러 변천을 겪으며 느낀 것을 바탕으로 쓴 작품으로, 고차원적인 상징 시어를 사용함.

83 이시렴 브디 갈짜, 성종

이시렴 브디 갈짜 아니 가든 못홀쏘냐.

무단(無端)이 슬튼야 눔의 말을 드럿는야.

그려도 하 애도래라. 가는 쯧을 닐러라.

🔍 현대어 풀이

있으려무나, 부디 가겠느냐? 아니 가지 못하겠느냐?
까닭 없이 내가 싫어졌느냐? 남이 권하는 말 들었느냐?
그래도 몹시 애가 타는구나. 가는 뜻이나 말해 보려무나.

✏️ 혜선쌤이 한땀한땀 정리한 亦功 작품 정리

• 주제 : 신하와 헤어지는 임금의 애처롭고 슬픈 마음
• 시적 상황 : 임금과 그의 아끼는 신하가 헤어지는 상황
• 정서와 태도 : 신하를 아끼는 마음이 있지만 신하와 헤어져야 함을 안타까워 함.
• 표현상 특징
　① 간절한 마음을 강조하고자 신하에게 여러번 의사를 물음.
　② 종장의 '하 애도래라'라는 시어를 통해 안타깝고 슬픈 심정을 집약적으로 나타내고 있음.
　③ 영탄법을 통해 주제를 강조함.
• 문학사적 의의 : 작가가 임금(성종)임을 볼 때 시조의 창작 계층이 다양했음을 보여주며 군신유의(君臣有義)를 잘 나타냄.

박혜선 최단기간 고전 운문

PART 04

조선 후기

조선 후기

1. 자연 친화

84 만흥(漫興), 윤선도

1 산슈간(山水間) 바회 아래 뛰집을 짓노라 ᄒ니

그 모론 ᄂᆞᆷ들은 욷는다 ᄒ다마ᄂᆞᆫ

어리고 햐암의 ᄯᅳ싀ᄂᆞᆫ 내 分(분)인가 ᄒ노라.

🔍 **현대어 풀이**

산과 물 사이 바위 아래 초가집을 지으려 하니,
그 뜻을 모르는 남들은 비웃는다지만
어리석은 시골뜨기의 생각에는 이것이 내 분수에 맞는 일인가 하노라.

▶ 제1수 〈안분지족(安分知足)〉

2 보리밥 픗ᄂᆞ믈을 알마초 머근 후(後)에

바횟긋 믉ᄀᆞ의 슬ᄏᆞ지 노니노라.

그나믄 녀나믄 일이야 부롤 줄이 이시랴.

🔍 **현대어 풀이**

보리밥과 풋나물을 알맞게 먹은 후에
바위 끝 물가에서 실컷 노니노라.
그 밖에 남은 일(=부귀영화)이야 부러워할 줄이 있겠느냐.

▶ 제2수 〈안빈낙도(安貧樂道)〉

④ 누고셔 삼공(三公)도곤 낫다 ᄒ더니 만승(萬乘)이 이만ᄒ랴.

　　이제로 헤어든 소부(巢父) 허유(許由)ㅣ 냑돗더라.

　　아마도 임천한흥(林泉閑興)을 비길 곳이 업세라.

🔍 **현대어 풀이**

누가 자연 속의 삶이 삼정승을 하는 것보다 낫다더니 황제를 하는 것이 이만하랴?
이제 헤아려 보니 소부와 허유가 영리했구나.
아마도 자연 속에서 느끼는 한가한 흥취를 비할 곳이 없도다.

▶ 제4수 〈임천한흥(林泉閑興)〉

⑤ 내 셩이 게으르더니 하ᄂᆞᆯ히 아ᄅᆞ실샤,

　　인간만ᄉᆞ(人間萬事)를 ᄒᆞᆫ 일도 아니 맛뎌,

　　다만당 ᄃᆞ토리 업슨 강산(江山)을 딕희라 ᄒᆞ시도다.

🔍 **현대어 풀이**

내 성격이 게으르다는 것을 하늘이 아셔서,
인간 세상의 모든 일을 한 가지도 아니 맡겨,
다만 다툴 사람이 없는 자연을 지키라 하시는구나.

▶ 제5수 〈강호한정(江湖閑情)〉

⑥ 강산이 됴타흔들 내 분(分)으로 누얻느냐.

임군 은혜(恩惠)를 이제 더욱 아노이다.

아므리 갑고쟈 ㅎ야도 히올 일이 업세라.

🔍 현대어 풀이

자연이 좋다 한들 내 분수로 누웠겠는가.
임금님의 은혜를 이제 더욱 아노이다.
아무리 갚고자 해도 해드릴 일이 없구나.

▶ 제6수 〈연군지정(戀君之情)〉

✏️ 혜선쌤이 한땀한땀 정리한 亦功 작품 정리

• 주제: 자연에 살면서 소박함과 여유를 누리는 동시에 임금의 은혜도 잊지 않음
• 시적 상황: 자연에서 소박함과 여유의 삶을 누리고 있음.
• 정서와 태도: 자연에서의 삶에 대한 만족과 임금이 은혜주심을 생각함.
• 표현상 특징
  ① 화자의 정서를 강조하고자 설의법과 영탄법을 활용함.
  ② 우리말의 묘미가 잘 드러나 있음.
  ③ <제4수>의 '임천한흥(林泉閑興)'은 자연에서의 한가로운 흥취라는 뜻으로 화자의 정서나 상황
     이 잘 드러나 있음.
• 문학사적 의의: 윤선도가 영덕으로 유배 갔다가 풀리고 난 이후, 해남에 있으면서 6수의 연시조로
              자연에서 느낀 흥취를 표현한 작품. <제6수>는 임금님의 은혜를 드러내는 '강호가
              도(江湖歌道)'가 잘 나타나 있음.

85 어부사시사(漁父四時詞), 윤선도

봄

⑤ 고은 볕티 쬐얀ᄂᆞᄃᆡ 믉결이 기름 ᄀᆞᆺ다

이어라 이어라

그믈을 주어 두랴 낙시를 노흘일가

지국총(至匊悤) 지국총(至匊悤) 어ᄉᆞ와(於思臥)

탁영가(濯纓歌)의 흥(興)이 나니 고기도 니즐로다

🔍 현대어 풀이

고운 햇볕 내리쬐는데 물결은 기름처럼 곱다.
노를 저어라 노를 저어라
그물 주어 둘까, 낚시 놓을까.
찌그덕 찌그덕 어여차
탁영가의 흥취 일어나니 고기 역시 잊겠도다.

▶ 봄(春) 5

봄

⑩ ᄅᆡ일(來日)이 또 업스랴 봄밤이 몃 덛 새리

ᄇᆡ ᄇᆞ려라 ᄇᆡ ᄇᆞ려라

낫대로 막대 삼고 싀비(柴扉)를 ᄎᆞ자 보자

지국총(至匊恩) 지국총(至匊恩) 어ᄉᆞ와(於思臥)

어부(漁父) ᄉᆡᆼ애(生涯)ᄂᆞᆫ 이렁구러 디낼로다

🔍 현대어 풀이

내일이라는 날 또 없으랴. 봄밤 얼마나 길겠느냐.
배를 붙여라 배를 붙여라.
낚싯대를 지팡이 삼고 우리 집 사립문 찾아가자.
찌그덕 찌그덕 어여차
어부의 한평생 이럭저럭 지내노라.

▶ 봄(春) 10

여름

[2] 년닙희 밥 싸두고 반찬으란 쟝만 마라

　　달 드러라 달 드러라

　　청약립(靑蒻笠)은 써 잇노라 녹사의(綠蓑依) 가져오냐

　　지국총(至匊悤) 지국총(至匊悤) 어ᄉ와(於思臥)

　　무심(無心)ᄒ 빅구(白鷗)ᄂ 내 좃ᄂ가 제 좃ᄂ가

🔍 **현대어 풀이**

연잎에 밥을 싸 두고 반찬 장만하지 마라.
닻을 들어라 닻을 들어라
푸른 대삿갓 쓰고 있노라 도롱이 가져 오느냐?
찌그덕 찌그덕 어여차
아무 욕심이 없는 갈매기를 내가 좇는 것인가, 갈매기가 날 좇는 것인가.

▶ 여름(夏) 2

여름

[3] 마람닙희 ᄇ람 나니 봉창(蓬窓)이 서늘코야

　　돋 ᄃ라라 돋 ᄃ라라

　　녀름 ᄇ람 뎡홀소냐 가는 대로 ᄇᆡ 시겨라

　　지국총(至匊恩) 지국총(至匊恩) 어ᄉ와(於思臥)

　　북포(北浦) 남강(南江)이 어ᄃᆡ 아니 됴흘리니

🔍 **현대어 풀이**

마름 잎 위로 바람 부니 봉창 서늘하구나.
돛을 달아라 돛을 달아라.
여름 바람이 일정하겠느냐 가는 대로 배 그냥 두어라.
찌그덕 찌그덕 어여차
북쪽 포구 남쪽 강이 어디든 아니 좋겠는가.

▶ 여름(夏) 3

가을

① 믈외(物外)예 조흔 일이 어부(漁父) 싱애(生涯) 아니러냐

빈 떠라 빈 떠라

어옹(漁翁)을 욷디 마라 그림마다 그렷더라

지국총(至匊恩) 지국총(至匊恩) 어ᄉ와(於思臥)

ᄉ시(四時) 흥(興)이 ᄒ가지나 츄강(秋江)이 읃듬이라

🔍 현대어 풀이

속세 떠난 곳에 깨끗한 일로 소일하는 것이 어부의 생애 아니겠느냐.
배를 띄워라 배를 띄워라.
늙은 어부 비웃지 마라, 그림마다 그려 있더라.
찌그덕 찌그덕 어여차
사계절의 흥취 한가지이지만 그중에서도 가을 강이 으뜸이라.

▶ 가을(秋) 1

가을

② 슈국(水國)의 ᄀ을히 드니 고기마다 술져 읻다

닫 드러라 닫 드러라

만경딩파(萬頃澄波)의 슬ᄏ지 용여(容與)ᄒ쟈

지국총(至匊念) 지국총(至匊念) 어ᄉ와(於思臥)

인간(人間)을 도라보니 머도록 더옥 됴타

🔍 현대어 풀이

보길도에 가을 오니 고기마다 살이 쪄 있다.
닻을 들어라 닻을 들어라
끝없이 넓고 푸른 바다 물결에 실컷 흥에 겨워 보자.
찌그덕 찌그덕 어여차
인간 세상 돌아보니 멀수록 더욱 좋구나.

▶ 가을(秋) 2

가을

3 빅운(白雲)이 니러나고 나모 긋티 흐느긴다

　　돋 두라라 돋 두라라

밀믈의 셔호(西湖) ㅣ오 혈믈의 동호(東湖) 가쟈

　　지국총(至匊悤) 지국총(至匊悤) 어ᄉ와(於思臥)

빅빈홍료(白蘋紅蓼)ᄂᆞ 곳마다 경(景)이로다

🔍 현대어 풀이

흰 구름 일어나니 나무 끝 흐느적거린다.
돛을 달아라 돛을 달아라
밀물 때에 서쪽 호수로 가고 썰물 때에 동쪽 호수로 가자.
찌그덕 찌그덕 어여차
흰 마름꽃과 붉은 여뀌꽃이 가는 곳마다 경치 좋구나.

▶ 가을(秋) 3

가을

4 그러기 떳ᄂᆞ 밧긔 못 보던 뫼 뵈ᄂᆞ고야

　　이어라 이어라

낙시질도 ᄒᆞ려니와 취(取)ᄒᆞ 거시 이 흥(興)이라

　　지국총(至匊悤) 지국총(至匊悤) 어ᄉ와(於思臥)

석양(夕陽)이 ᄇᆞ익니 천산(千山)이 금슈(錦繡) ㅣ로다

🔍 현대어 풀이

기러기 뜬 저 멀리에 못 보던 산 보이는구나.
노를 저어라 노를 저어라
낚시질 하려니와 흥에 겨워서 노니노라.
찌그덕 찌그덕 어여차
석양 비치니 모든 산은 수놓은 비단과 같구나.

▶ 가을(秋) 4

겨울

4 간밤의 눈 갠 후(後) 경믈(景物)이 달랃고야

이어라 이어라

압희ᄂᆞᆫ 만경류리(萬頃琉璃) 뒤희ᄂᆞᆫ 천텹옥산(千疊玉山)

지국총(至匊悤) 지국총(至匊悤) 어ᄉᆞ와(於思臥)

선계(仙界)ㄴ가 불계(佛界)ㄴ가 인간(人間)이 아니로다

🔍 현대어 풀이

간밤에 눈 갠 뒤 경치 달라졌구나.
노를 저어라 노를 저어라
앞에 끝없이 넓고 유리처럼 잔잔한 바다, 뒤에 눈 겹겹이 쌓인 아름다운 산
찌그덕 찌그덕 어여차
신선의 세계인가, 불교의 극락세계인가, 인간 세상은 아니로다.

▶ 겨울(冬) 4

🖋 혜선쌤이 한땀한땀 정리한 亦功 작품 정리

- 주제: 사계절 자연 풍경을 보며 느끼는 흥취
- 시적 상황: 섬, 바다에서 여유롭게 풍류를 누리고 있음.
- 정서와 태도: 자연을 감상하면서 흥을 느끼며 속세를 멀리하고 있음.
- 표현상 특징
  ① 고려 가요의 영향으로 인하여 노를 저을 때 나는 소리(지국총지국총)와 노를 젓는 사람이 힘을 줄 때 내는 소리를 후렴구로 사용한 것이나, 배를 이용하는 데 필요한 동작을 명령조로 표현한 여음구가 있다는 것에서는 다른 평시조나 연시조와는 다름.
  ② '흥(興)'은 자연에 대한 감상을 집약적으로 드러낸 것으로 윤선도의 작품 세계를 꿰뚫음과 동시에 윤선도 본인이 자연을 느끼는 감정을 드러내는 표현임.
  ③ 각 계절의 10수는 배의 출항과 귀항하는 과정을 순서에 따라 보여주고 있고, 아름다운 섬의 경치와 속세를 대비시키고 그것에 대한 흥취를 우리말로 묘사함.
- 문학사적 의의: 윤선도가 보길도에 있으면서 사계절에 따라 다른 섬, 바다의 풍경을 총 40수의 연시조(각 계절별로 10수의 연시조)로 나타낸 작품임.

86 오우가(五友歌), 윤선도

① 내 버디 멋치나 ᄒ니 수석(水石)과 송죽(松竹)이라.

　동산(東山)에 ᄃᆞᆯ 오르니 긔 더옥 반갑고야.

　두어라, 이 다숫 밧긔 또 더ᄒ야 머엇ᄒ리.

🔍현대어 풀이

내 벗이 몇이라고 하지만 물과 바위와 소나무와 대나무라.
동쪽 산에 달이 오르니 그것이 더욱 반갑구나.
두어라, 이 다섯밖에 또 더한들 무엇하리.

---

② 구룸 빗치 조타 ᄒ나 검기를 ᄌᆞ로 ᄒ다.

　ᄇᆞ람 소릭 몱다 하나 그칠 적이 하노매라.

　조코도 그츨 뉘 업기는 믈뿐인가 ᄒ노라.

🔍현대어 풀이

구름 빛이 깨끗하다고 하지만 검게 되는 것을 자주 한다.
바람 소리 맑다고 하지만 그칠 적이 많도다.
깨끗하면서도 그치지 않는 것 물뿐인가 하노라.

---

③ 고즌 므스 일로 픠며서 쉬이 디고

　플은 어이ᄒ야 프르ᄂᆞᆫ듯 누르ᄂ니

　아마도 변티 아닐 슨 바회뿐인가 ᄒ노라

🔍현대어 풀이

꽃이 무슨 일로 피면서 쉽게 지고
풀이 어찌하여 푸른 듯하다가 누렇게 변하는가?
아마도 변치 않는 것은 바위뿐인가 하노라.

4 더우면 곳 퓌고 치우면 닙 디거늘

솔아 너는 얻디 눈서리를 모르는다.

구천(九泉)의 블희 고든 줄을 글로 ᄒ야 아노라.

🔍 **현대어 풀이**

더우면 꽃이 피고 추우면 잎이 지거늘
소나무야 넌 어찌 눈서리 모르느냐?
깊은 땅 속에 뿌리가 곧게 뻗은 줄 그것으로 하여 아노라.

---

5 나모도 아닌 거시 플도 아닌 거시

곳기는 뉘 시기며 속은 어이 뷔연는다.

뎌러코 사시(四時)예 프르니 그를 됴하ᄒ노라.

🔍 **현대어 풀이**

나무도 아니고 풀도 아닌 게
곧기는 누가 시켰고 속은 어찌하여 비었는가?
저렇고도 언제나 푸르니 그를 좋아하노라.

---

6 쟈근 거시 노피 떠서 만물(萬物)을 다 비취니

밤듕의 광명(光明)이 너만ᄒ니 또 잇느냐.

보고도 말 아니ᄒ니 내 벋인가 ᄒ노라.

🔍 **현대어 풀이**

작은 것 높이 떠서 만물 다 비추니
한밤중 밝게 빛나는 것 너만 한 것 또 있겠느냐.
보고도 말을 아니 하니 내 벗인가 하노라.

✏️ 혜선쌤이 **한땀한땀** 정리한 **亦功** 작품 정리

- 주제: 다섯 자연물이 지닌 덕목(=특징)을 예찬
- 시적 상황: 자연물들을 벗으로 생각함.
- 정서와 태도: 자연물의 특징을 통해서 인간의 덕목을 생각하고 자연물들을 예찬하고 있음.
- 표현상 특징
  ① 각 수의 마무리를 대상을 예찬하는 어조로 하고 있음.
  ② 대상을 예찬하고자 자연물에 긍정적 가치를 줌과 동시에 대비되는 속성의 자연물을 함께 보여줌.
  ③ 자연물로 대표되는 물이나 달, 바위, 대나무, 소나무를 의인화하여 그들의 특징을 사람의 덕목으로 바꿔 놓음.
  ④ 서사인 <제1수>는 다섯 자연물을 소개하며 나머지 다섯 수에서 물, 바위, 소나무, 대나무, 달 등의 자연물들의 특징을 예찬한 총 6수의 연시조임.
  ⑤ <제1수>의 종장에서 '이 다섯 밧긔'라고 표현함을 통해 사람이 다섯 자연물과 동일한 덕성이 있다면 충분히 친구가 된다는 작가의 생각이 드러남.
  ⑥ 표면적으로는 자연을 예찬하는 것으로 보이나 자세히 보면 인간의 품성을 생각나게 하며 우리말의 아름다움을 비교적 잘 살리며 표현을 탁월하게 함.
- 문학사적 의의: 해남에 있을 당시에 윤선도가 지은 연시조로, 인간이 지녀야 할 덕목을 제시한 작품임.

87 혓가레 기나 자르나, 신흠

혓가레 기나 쟈르나 기동이 기우나 트나

수간모옥(數間茅屋)을 쟈근 줄 웃지 마라.

어즈버 **만산나월(滿山蘿月)**이 다 내 거신가 ᄒ노라.

🔍 현대어 풀이

서까래 길든지 짧든지 기둥이 기울었든지 뒤틀렸든지
초가집 작은 것 비웃지 마라.
아아 온 산 가득한 담쟁이덩굴에 비친 달 다 나의 것인가 하노라.

✎ 혜선쌤이 **한땀한땀** 정리한 亦功 작품 정리

- 주제: 자연을 즐기는 안분지족의 삶.
- 시적 상황: 작은 초가집에 있으며 자연을 즐기는 중임.
- 정서와 태도: 자연을 즐기면서 안분지족의 태도를 가짐.
- 표현상 특징
  ① 화자가 느끼는 삶의 만족감을 드러내려고 영탄적, 명령적 표현을 사용함.
  ② '수간모옥(數間茅屋)'과 '만산나월(滿山蘿月)'은 자연에서 안분지족의 삶을 사는 화자의 태도를 보여줌.
  ③ 영탄법의 쓰임.
  ④ 말을 건네는 어조가 쓰임.

88 빈천(貧賤)을 폴랴 ᄒ고, 조찬한

빈천(貧賤)을 폴랴 ᄒ고 권문(權門)에 드러가니

침 업슨 흥정을 뉘 몬져 ᄒ쟈 ᄒ리

강산과 풍월을 달나 ᄒ니 그는 그리 못ᄒ리

🔍 현대어 풀이

가난과 천함을 팔려고 하여 권세 있는 집안에 들어가니
덤 없는 흥정 누가 먼저 하자고 하리.
강산과 풍월 달라고 하니 그건 그렇게 못하리.

✎ 혜선쌤이 한땀한땀 정리한 亦功 작품 정리

• 주제: 부귀와 자연 중 자연을 선택함.
• 시적 상황: 권세 있는 집안으로 들어가서 가난을 벗어나기 위해 도움을 구하려 함.
• 정서와 태도: 가난을 벗어나려 하나 자연을 포기하지 못하는 마음이 있음.
• 표현상 특징
  ① 관념적인 대상(=풍월, 강산, 빈천)을 살 수 있고 팔 수 있는 구체적 대상으로 나타내었고 특히 풍월이나 강산은 지켜내고 싶은 '자연'을 뜻함.
  ② 설의법을 통해 의미를 강조함.

89 뇌 스리 담박(淡薄)훈 중(中)에, 김수장

뇌스리 담박(淡薄)훈 중(中)에 다만 깃쳐 잇는 것슨,

수경포도(數莖葡萄)와 일권가보(一卷歌譜) 샌이로다.

이 중(中)에 유신(有信)훈 것슨 풍월(風月)인가 흐노라.

🔍 현대어 풀이

내 삶이 담백하고 소박한 중 다만 남아 있는 것
몇 가지의 포도 그리고 한 권의 노래책뿐이로다.
이 중 신의 있는 것은 자연인가 하노라.

✏️ 혜선쌤이 한땀한땀 정리한 亦功 작품 정리

• 주제: 자연을 신뢰함.
• 시적 상황: 소박한 삶 가운데에 포도 몇 가지와 한 권의 노래책만 남아있음.
• 정서와 태도: 담백과 소박의 삶에서 자연을 신뢰함.
• 표현상 특징
 ① 자연에 대한 신뢰를 보여주고자 자연물을 인간이 지은 책과 대비시킴.
 ② 종장의 '풍월(風月)'은 화자가 신뢰하는 자연을 뜻함.
 ③ 자연을 의인화하여 친근감 있게 그림.
• 문학사적 의의: 조선 후기 가객 김수장의 작품임. 자신의 시조집 『해동가요(海東歌謠)』를 겸손히
    한 권의 노래책이라 표현함이 특징임. 『해동가요』에는 883수의 시조가 수록됨.

90 강산(江山) 죠흔 경(景)을, 김천택

강산(江山) 죠흔 경(景)을 힘센 이 닷톨 양이면,

닉 힘과 닉 분(分)으로 어이 ᄒᆞ여 엇들쏜이.

진실(眞實)로 금(禁)ᄒᆞ리 업쓸씌 나도 두고 논이노라.

🔍 현대어 풀이

자연의 아름다운 경치 힘센 사람이 가지려고 다툰다면
내 힘 그리고 내 분수로 어찌 자연을 얻을 수 있겠느냐?
진실로 막을 사람이 없으니 나 역시 두고 즐기노라.

✏️ 혜선쌤이 한땀한땀 정리한 亦功 작품 정리

• 주제: 자연은 누구나 누리고 즐길 수 있음.
• 시적 상황: 자연을 바라보며 즐김.
• 정서와 태도: 속세는 약육강식의 법칙이 존재하지만 자연은 마음껏 누릴 수 있기 때문에 다행으로
  생각함.
• 표현상 특징
  ① 누구나 자연을 즐길 수 있음을 표현하고자 설의적 의문문을 사용하고 상황을 가정함.
  ② '나도 두고 논이노라'는 자연이 부와 명예가 없어도 누구나 조건 없이 즐길 수 있음을 나타낸
     구절임.
  ③ 설의법을 통해 주제를 강조함.
• 문학사적 의의: 최초의 시조집인 『청구영언(靑丘永言)』을 엮은 김천택의 작품임.

91 서검(書劍)을 못 일우고, 김천택

서검(書劍)을 못 일우고 쓸쩍업쓴 몸이 되야

오십춘광(五十春光)을 히옴 업씨 지닉연져

두어라 언의 곳 청산(靑山)이야 날 씩 쑬이 잇시랴

 현대어 풀이

관직에 오르지 못해 쓸데없는 몸 되어서
오십 년 세월 해온 일도 없이 지냈구나.
두어라 어느 곳의 자연이야 날 꺼릴 줄이 있으랴.

✏️ 혜선쌤이 **한땀한땀** 정리한 **亦功** 작품 정리

• 주제 : 자연에서 살고자 하는 마음.
• 시적 상황 : 관직에 오름 없이 50년 세월을 보냄.
• 정서와 태도 : 관직에는 못 올랐으나 자연에서의 삶을 살았음에 만족.
• 표현상 특징
  ① '청산(靑山)'과 '서검(書劍)'의 대조를 통해 자연에서 살고자 하는 화자의 주제 의식을 보여 줌.
  ② 대유적 표현을 사용함.

92 전원(田園)에 나믄 흥(興)을, 김천택

전원(田園)에 나믄 흥(興)을 전나귀에 모도 싯고

계산(溪山) 니근 길로 흥치며 도랴와셔

아히 금서(琴書)를 다스려라 나믄 히를 보내리라.

🔍 현대어 풀이

전원을 즐기다 남은 흥을 발 저는 나귀 등에 모두 싣고
계곡 있는 산의 익숙한 길에 흥겨워하며 돌아와서
아이야, 거문고와 책을 정리하여라. 그것으로 남은 세월을 보내리라.

✏️ 혜선쌤이 한땀한땀 정리한 亦功 작품 정리

• 주제: 시골에서 느낀 흥취와 풍류
• 시적 상황: 전원을 즐기며 흥취에 빠지다 산의 익숙한 길로 흥겨워하며 돌아오고 있음.
• 정서와 태도: 시골에서 느꼈던 흥을 집에 돌아와서까지도 느끼며 살기를 원함.
• 표현상 특징
  ① 중의적 표현을 통해 앞으로의 삶도 흥취를 느끼고 풍류를 즐기면서 살겠다는 다짐을 보여줌.
    ≫ 나믄 히: 1) 남은 하루 2) 해(年)
  ② '흥(興)'은 이 시조의 대표적 주제어로 화자의 소망이 담긴 어휘임.
  ③ 청자를 설정하여 말을 건네는 어조로 시상을 전개함.
• 문학사적 의의: 가객의 신분으로 살았던 김천택이 전원에서 흥취를 느끼며 여생을 살겠다는 마음을
  담아낸 시조로, 자연을 풍류의 대상으로 생각했음을 알 수 있음.

93 미암이 밉다 울고, 이정신

미암이 밉다 울고 쓰르람이 쓰다 우니,

산채(山菜)를 밉다는가 박주(薄酒)를 쓰다는가.

우리는 초야(草野)에 뭇쳐시니 밉고 쓴 줄 몰니라.

현대어 풀이

매미가 맵다고 울고 쓰르라미가 쓰다고 우니
산나물은 맵다고 하는가? 박주를 쓰다고 하는가?
우린 초야에 묻혀 있어서 산나물과 박주가 맵고 쓴 줄 모르겠구나.

혜선쌤이 한땀한땀 정리한 亦功 작품 정리

- 주제: 자연 속에 묻혀 안분지족(安分知足)하는 삶
- 시적 상황: 화자는 자연에서 사는 자신의 삶에 대해 만족함을 드러냄.
- 정서와 태도: 자신의 삶에 대한 만족감을 표현하면서도 속세의 사람들은 풍자함.
- 표현상 특징
  ① 유사한 발음을 통한 언어유희를 사용함과 동시에 대구법을 사용함.
  ② '초야(草野)'는 화자가 있는 곳으로, 초야에 묻혀 사는 자신의 상황에 대한 만족감을 드러내고 있는 단어이기도 함.
  💡 언어유희(예 미암이 밉다 울고 쓰르람이 쓰다 우니,)
- 문학사적 의의: 내용상 한정가(閑情歌)에 해당함.

조선 후기

2. 유교적 덕목 (교훈)

94 반중(盤中) 조홍(早紅)감이, 박인로

반중(盤中) 조홍(早紅)감이 고아도 보이ᄂᆞ다.

유자(柚子)ㅣ 안이라도 품엄 즉도 ᄒᆞ다마ᄂᆞᆫ

품어 가 반기리 업슬식 글노 셜워ᄒᆞᄂᆞ이다.

🔍 현대어 풀이

소반에 놓인 붉은 감 고와 보이는구나.
비록 유자 아니라도 품어 갈 마음 있지만
품어 가도 반겨 주실 부모님 안 계시니 서러워하노라.

✏️ 혜선쌤이 한땀한땀 정리한 亦功 작품 정리

• 주제: 돌아가신 부모님을 그리워함. (효도와 관련)
• 시적 상황: 감을 보며 돌아가신 부모님을 생각함.
• 정서와 태도: 부모님을 회상하며 효를 다하지 못함을 슬퍼함.
• 표현상 특징
  ① 중국 고사를 인용하여 정서를 나타냄.
    💡 육적의 '회귤'고사: 육적이 부모를 위해 귤을 품에 숨겼다는 내용, 육적회귤(陸績懷橘)
  ② '조홍감'이라는 연상의 매개체를 활용함.
  ③ '반기리 업슬식', '셜워ᄒᆞᄂᆞ이다'는 상황, 심리를 직접적으로 드러낸 시구임.
  ④ '풍수지탄(風樹之嘆)'의 주제를 나타냄.
• 문학사적 의의: '조홍시가'라는 연시조의 첫 수로, 박인로의 시조 중 뛰어난 문학성을 지닌다고 평가
                받음.

95 세상(世上) 사룸들아, 박인로

세상(世上) 사룸들아 부모(父母) 은덕(恩德) 아느산다.

부모(父母)곳 아니면 이 몸이 있을쏘냐.

생사 장제(生死葬祭)에 예(禮)로써 종시(終始) 갓게 섬겨서라.

🔍 현대어 풀이

세상 사람들아 부모의 은혜 그리고 덕을 아느냐?
부모가 아니라면 이 몸 있겠느냐?
살아 계실 때나 돌아가실 때나 장사나 제사 때에 예로써 한결같이 섬겨라.

✏️ 혜선쌤이 **한땀한땀** 정리한 亦功 작품 정리

- 주제 : 효도를 권장함.
- 시적 상황 : 사람들에게 단단히 부탁하고 있음.
- 정서와 태도 : 효도하며 살 것을 직접적으로 이야기함.
- 표현상 특징
  ① 교훈을 전달을 위해 설의법과 훈계조의 어조, 명령형 어미를 사용함.
  ② '부모(父母) 은덕(恩德)'을 통해 부모님께 효도할 것을 이야기함.
  ③ 청자를 설정하여 말을 건네는 어조로 시상을 전개함.
- 문학사적 의의 : 총 25수의 계몽적 연시조 「오륜가」의 한 편. 임진왜란 이후 유교적 덕목과 윤리가
  무너짐을 보고 이를 염려하여 지은 것으로 도덕적 의리를 숭상하는 교훈인 태도
  를 드러냄.

96 동창(東窓)이 밝았느냐, 남구만

동창(東窓)이 밝았느냐 노고지리 우지진다.

소 치는 아이는 상기 아니 일었느냐.

재 너머 사래 긴 밭은 언제 갈려 하나니.

🔍 현대어 풀이

동쪽의 창 밝았느냐? 노고지리 우짖는다.
소를 먹이는 아이가 아직 일어나지 않았느냐.
고개 너머로 이랑 긴 밭은 언제 갈려고 하느냐.

✏️ 혜선쌤이 한땀한땀 정리한 亦功 작품 정리

• 주제: 농촌에서 성실하게 일할 것을 권유함.
• 시적 상황: 아이를 깨우며 열심히 일하라고 권면함.
• 정서와 태도: 교훈을 줌
• 표현상 특징
  ① 가상의 청자를 아이로 정하여 얘기하는 형식을 통해 표현하고 있음.
  ② '언제 갈려 하나니'는 설의법을 사용하여 열심히 일하라고 권면하고 있는 것임.
• 문학사적 의의: 훈민시(訓民詩)의 하나로 열심히 농사지으라고 권면하는 권농가(勸農歌)임.

97 뉘라서 가마귀를, 박효관

뉘라서 가마귀를 검고 흉(凶)타 ᄒ돗던고.

반포 보은(反哺報恩)이 긔 아니 아름다온가.

스룸이 져 싀만 못ᄒ믈 못닉 슬허ᄒ노라

🔍 현대어 풀이

어떤 이가 까마귀를 검고도 흉한 새라고 하였는가.
반포 보은이 그것이 아니 아름답다운가?
사람들이 저 까마귀만도 못한 것 말로 다할 수 없을 정도로 슬퍼하노라.

✏️ 혜선쌤이 한땀한땀 정리한 亦功 작품 정리

• 주제 : 효심(孝心)을 지킬 것을 권고하며 불효하는 사람들을 풍자함.
• 시적 상황 : '효(孝)'를 경시하는 사람들을 봄.
• 정서와 태도
  ① 교훈을 주고자 까마귀를 통해 효를 권함.
  ② 사람들의 불효를 안타까워하면서 우의적인 비판을 함.
• 표현상 특징
  ① 까마귀를 긍정적 특성을 가진 것으로 소개함.
  ② 인간의 행태를 비판하고자 인간과 자연물을 대비하였고 우의적 표현을 사용함.
  ③ '반포 보은(反哺報恩)'은 '효(孝)'를 실천하는 동물의 모습을 보여주어서 사람들의 불효와 대조시켜 불효한 사람들을 비판함을 보여주는 단어임.
• 문학사적 의의 : 『가곡원류』의 수록작임.

조선 후기

3. 우국지정

98 가노라 삼각산(三角山)아, 김상헌

가노라 삼각산(三角山)아, 다시 보쟈 한강수(漢江水)야.

고국산천(古國山川)을 써나고쟈 ᄒ랴마는,

시절(時節)이 하 수상(殊常)ᄒ니 올동 말동 ᄒ여라.

🔍 현대어 풀이

가노라 삼각산아, 다시 보자 한강수야.
고국산천 떠나려고 하나
시절은 하 뒤숭숭하여 다시 돌아올지 어떨지 모르겠구나.

✏️ 혜선쌤이 **한땀한땀** 정리한 亦功 작품 정리

• 주제: 고국을 떠나 청나라로 끌려가는 신하의 불안감.
• 시적 상황: 청나라로 끌려가는 상황.
• 정서와 태도: 고국을 떠나서 느끼는 불안과 안타까움.
• 표현상 특징
 ① 고국에 대한 애정을 표현하고자 의인과 대유를 활용함.
 ② 고국을 떠나는 불안감을 대구법을 통해 나타냄.
 ③ '올동 말동 ᄒ여라'는 고국을 떠나는 불안감이 드러남.
 ④ 청자에게 말을 건네는 어조가 드러남.

99 철령(鐵嶺) 높은 봉(峰)에, 이항복

철령(鐵嶺) 높은 봉(奉)에 쉬어 넘는 저 구름아.

고신원루(孤臣冤淚)를 비 삼아 띄어다가,

님 계신 구중심처(九重深處)에 뿌려 본들 어떠리.

현대어 풀이

철령 높은 봉우리에 겨우 쉬었다 넘는 저 구름아!
임금의 총애 잃고 귀양길 오르는 외로운 신하의 서러움 맺힌 눈물을 비를 대신하여 띄워 가지고 가서,
임금 계신 깊은 대궐 안으로 뿌리는 것 어떠하겠는가?

혜선쌤이 한땀한땀 정리한 亦功 작품 정리

• 주제 : 임금을 향한 변함없는 충성심.
• 시적 상황 : 폐모론을 반대함으로 인하여 함경도 북청으로 유배 가는 상황.
• 정서와 태도 : 유배 가는 것이 원망스럽고 슬프며 분함.
• 표현상 특징
  ① 화자가 지닌 고단하고 어려운 마음을 구름에 투영함.
  ② 구름의 이동성을 이용해 화자와 임금을 연결시킴.
  ③ '고신원루(孤臣冤淚)'는 '임금을 떠나간 신하의 한이 맺힌 눈물'이라는 뜻으로 유배 가는 분통과 억울한 마음을 호소하면서도 임금에 대한 사모의 마음 역시 드러냄.
  ④ 설의법을 통해 주제를 강조함.
• 문학사적 의의 : 광해군 시대에 인목대비를 폐위시키는 것에 반대하다가 함경도 북청에 유배를 가면서 지은 시임.

100 견회요(遣懷謠), 윤선도

① 슬프나 즐거오나 옳다 하나 외다 하나

　　내 몸의 해올 일만 닦고 닦을 뿐이언정

　　그 밧긔 여남은 일이야 분별(分別)할 줄 이시랴.

🔍 **현대어 풀이**

슬프든 즐겁든 옳든 그르든
내 몸 할 일만 닦고 닦을 뿐이로다.
그 밖의 다른 일이야 걱정할 일 있으랴.

---

② 내 일 망녕된 줄을 내라 하여 모랄 손가.

　　이 마음 어리기도 님 위한 탓이로세.

　　아뫼 아무리 일러도 임이 혜여 보소서.

🔍 **현대어 풀이**

내 일 잘못된 줄을 나라 하여 모르겠는가.
이 마음이 어리석은 것 역시 모두 임금을 위하기 때문일세.
아무개가 아무리 헐뜯어도 임이 헤아려서 살피소서.

---

③ 추성(秋城) 진호루(鎭胡樓)밧긔 울어 예는 저 시내야.

　　무음 호리라 주야(晝夜)의 흐르는다.

　　님 향한 내 뜻을 조차 그칠 뉘를 모르나다.

🔍 **현대어 풀이**

경원성 진호루 밖에 울며 흐르는 저 시냇물아.
무엇 하려고 밤낮으로 흐르느냐?
임을 향한 내 뜻 따라 그칠 줄 모르는구나.

---

4 뫼흔 길고 길고 물은 멀고 멀고.

어버이 그린 뜯은 많고 많고 하고 하고.

어디서 외기러기는 울고 울고 가느니.

🔍 현대어 풀이

산은 길고 길며 물은 멀고 멀어
어버이를 그리워하는 뜻이 많기도 많다.
어디서 외기러기 슬프게 울면서 가는가.

5 어버이 그릴 줄을 처엄부터 알아마는

님군 향한 뜻도 하날이 삼겨시니

진실로 님군을 잊으면 긔 불효(不孝)인가 여기노라.

🔍 현대어 풀이

어버이 그리워할 줄 처음부터 알았지만
임금을 향한 뜻 역시 하늘이 만들어 주셨으니
진실로 임금 잊으면 그것 불효인가 하노라.

✏️ 혜선쌤이 **한땀한땀** 정리한 *亦功* 작품 정리

- 주제: 부모를 그리워하며 임금에게도 변함없이 충성함.
- 시적 상황: 유배지에 있는 상황.
- 정서와 태도: 임금을 그리워하고 결백함을 호소함.
- 표현상 특징
  ① 주제 강조를 위해 대조, 반복법을 사용함.
  ② 정서를 효과적으로 드러내려고 시내와 외기러기를 통해 감정을 이입시킴.
  ③ 각 연은 독립적이지만 전체 주제 안에서는 유기적 연관성을 지니며 통일성도 나타냄.
  ④ <제1수>의 '내 몸의 해올 일만 닦고 닦을 뿐', <제2수>의 '님 위한 탓', <제3수>의 '님 향한 내 뜻'은 자신의 굳은 신념과 임금에 대한 충성으로 인해 유배를 가게 됨을 드러냄.
  ⑤ <제4수>의 '어버이 그린 뜯'은 부모를 그리워함을 드러내고 <제5수>의 '님군 향한 뜻'은 부모에 대한 그리움과 임금에 대한 그리움의 마음은 하나일 수밖에 없음을 강조하며 연군의 마음을 드러냄.
- 문학사적 의의: 윤선도의 뛰어난 문학적 역량으로 만든 유교 사상이 담긴 작품으로 유배지에서 느낀 정서를 표현함.

101 국치비가(國恥悲歌), 이정환

① 반밤중 혼자 일어 묻노라 이 내 꿈아

만리 요양(遼陽)을 어느덧 다녀온고.

반갑다 학가(鶴駕) 선용(仙容)을 친히 뵌 듯하여라.

🔍 현대어 풀이

한밤중 혼자서 일어나 묻노라 내 꿈아.
만 리 밖에 있는 청나라 땅에 어느새 다녀왔느냐?
반가운 두 왕세자 친히 뵌 듯하여라.

___

② 풍설 섞어친 날에 뭇노라 북래 사자(北來使者)야

소해용안(小海容顔)이 얼마나 치오신고.

고국(故國)에 못 죽는 고신(孤臣)이 눈물계워하노라.

🔍 현대어 풀이

바람과 눈 뒤섞여 내리는 날 물어보노라, 북쪽에서 온 사신들이여.
볼모로 잡혀 간 우리 왕자님들의 얼굴 얼마나 추워 보이시던가?
고국에서 죽지도 못하고 살아 있는 외로운 신하가 슬픔을 참지 못해 눈물 흘리노라.

___

⑧ 구렁에 낫는 풀이 봄비에 절로 길어

알을 일 업스니 긔 아니 조흘소냐.

우리는 너희만 못ㅎ야 실람겨워하노라.

🔍 현대어 풀이

구렁에 돋아난 풀 봄비에 저절로 자라
알아야 할 일 없으니 그것 아니 좋겠느냐?
우린 너희만 못해서 시름 못 이겨 하노라.

✎ 혜선쌤이 **한땀한땀** 정리한 **亦功** 작품 정리

- 주제: 청나라에 끌려간 두 왕자에 대한 걱정과 그리움.
- 시적 상황: 병자호란에서 패배한 이후 조선의 왕자들이 청나라에 볼모로 잡혀 감.
- 정서와 태도: 소현세자와 봉림대군을 걱정하고 국치를 비통해 함.
- 표현상 특징
  ① 설의법과 말을 건네는 어조로 작가의 마음을 잘 제시함.
  ② <제1수>에서 꿈이 의인화된 상사몽의 동기(모티프) 사용.
  ③ <제8수>에서 구렁에 낫는 풀은 겪지 않는 수치스러운 상황을 인간이 겪어야 함을 서로 대비하여 비통한 마음을 강조함.
  ④ '풍설'은 전쟁 뒤에 비참한 모습을 보여주는 표현이고, '고신(孤臣)이 눈물계워'와 '실람'은 병자호란으로 인한 치욕스러움을 슬퍼하는 화자의 정서를 보여줌.
  ⑤ 청나라에 볼모로 끌려간 두 왕자를 그리워하며 드러낸 슬픔과 한탄을 다양한 수사법을 사용하여 드러냄.
- 문학사적 의의: 병자호란으로 겪은 국치(國恥)에 마음 아파하며 충성과 절의를 노래한 연시조임.

102 청강(淸江)에 비 듯는 소릐, 봉림대군

청강(淸江)에 비 듯는 소릐 긔 므시 우읍관듸

만산 홍록(滿山紅綠)이 휘드르며 웃는고야.

두어라 춘풍(春風)이 몃 날이리 우을대로 우어라.

🔍 현대어 풀이

맑은 강에 비 떨어지는 소리 그 무엇이 우스워서
온 산 가득한 꽃과 풀(=청나라 군사)이 몸을 휘두르면서 웃는구나.
봄바람 몇 날이나 남았을까, 웃고 싶은 대로 웃어라.

✏️ 혜선쌤이 한땀한땀 정리한 亦功 작품 정리

• 주제: 청나라에 볼모로 잡혀가는 봉림대군(효종)의 복수심과 원한
• 시적 상황: 볼모로 끌려가는 중에 풀, 꽃이 비 맞으며 바람에 흔들리고 있는 모습을 바라봄.
• 정서와 태도: 청나라를 향한 복수심과 원통함을 드러냄.
• 표현상 특징
  ① 자신의 처지를 자연물을 의인화하여 연결 지음.
  ② '춘풍(春風)이 몃 날이리'는 반드시 복수하겠다는 마음을 드러낸 구절임.
  ③ 청각적 심상을 통해 냉소적인 어조를 드러냄.

조선 후기

4. 사랑과 이별

103 사랑이 거짓말이, 김상용

사랑이 거짓말이 님 날 사랑 거짓말이

꿈에 와 뵈단 말이 긔 더옥 거짓말이

날갓치 줌 아니 오면 어늬 쑴에 뵈리오.

🔍 **현대어 풀이**

사랑한다는 말은 거짓말이다, 임이 날 사랑한다는 말은 거짓말이다.
꿈에 와 보인다는 말은 그 더욱 거짓말이다.
나와 같이 그리워 잠오지 않으면 어느 꿈에 보이리오?

✏️ 혜선쌤이 **한땀한땀** 정리한 **亦功** 작품 정리

- 주제: 임을 그리워함.
- 시적 상황: 이별 후에 임을 그리워함.
- 정서와 태도: 임의 사랑을 믿지 않으면서도 임을 향한 그리움으로 투정함.
- 표현상 특징
  ① 반복과 점층법의 사용을 통해 임이 자신을 그리워하지 않음을 이야기함.
  ② '거짓말'이라는 말은 임에 대한 그리움의 정도를 심화시킨 표현으로 임의 사랑이 진실하지 않다고 투정을 부림을 나타냄.
  ③ 나를 향한 임의 사랑과 꿈의 허상(虛像)적인 특징을 동일시하며, 임의 사랑이 순간적인 것임을 노래함.
  ④ 여성적 정감으로 사랑을 노래함.
  ⑤ 설의법을 통해 임을 원망함.

104 봄이 왓다 ᄒ되, 신흠

봄이 왓다 ᄒ되 소식(消息)을 모로더니,

냇ᄀ에 프른 버들 네 몬져 아도괴야

어즈버 인간 이별(人間離別)을 쏘 엇지ᄒᄂ다.

🔍 **현대어 풀이**

봄이 왓다고 한들 임의 소식 몰랐는데
냇가의 푸른 버들 소식 먼저 아는구나.
아아, 인간의 이별 또 어찌하겠느냐.

✏️ **혜선쌤이 한땀한땀 정리한 亦功 작품 정리**

• 주제 : 이별의 정한
• 시적 상황 : 봄이 옴을 못 느끼고 있음.
• 정서와 태도 : 이별을 겪고 느낀 애상적 마음.
• 표현상 특징
  ① 인간(화자)과 자연(프른 버들)의 대비를 통해 정서를 강조
  ② '인간 이별(人間離別)'은 화자가 소식을 모르는 이유가 이별을 겪은 슬픔으로 인한 것임을 나타냄.

105 공산(空山)에 우는 접동, 박효관

공산(空山)에 우는 접동 너는 어이 우지는다.

너도 날과 갓치 무음 이별(離別)ㅎ엿는야.

아무리 피느게 운들 대답(對答)이나 ㅎ더냐.

🔍 현대어 풀이

아무도 없는 텅 빈 산에서 울고 있는 접동새야, 넌 어찌하여 울부짖고 있느냐?
너도 나와 같이 무슨 이별이라도 하였느냐?
아무리 피나게 운다 해도 대답을 하더냐?

✎ 혜선쌤이 **한땀한땀** 정리한 **亦功** 작품 정리

• 주제: 이별의 정한과 고독함.
• 시적 상황: 임과의 이별을 겪게 됨.
• 정서와 태도: 이별로 인하여 슬픔과 고독에 잠겨 있으면서 체념하는 모습도 드러남.
• 표현상 특징
 ① 화자의 슬픔과 고독의 정서를 나타내고자 고독감을 고조시키는 배경(=공산(空山))을 이용함.
 ② 화자의 슬픈 감정을 나타내고자 울고 있는 접동새를 의인화하고 접동새에 감정 이입함.
 ③ 영탄법, 설의법을 통해 감정을 강조함.
• 문학사적 의의: 조선 말기에 활동한 가객 박효관의 시조임.

106 한숨은 변람이 되고, 작자 미상

한숨은 변람이 되고 눈물은 세우(細雨) 되어

님 자는 창 밧긔 불거니 뿌리거니

날 닛고 기피 든 좀을 깨워 볼가 ᄒ노라.

🔍 현대어 풀이

한숨은 바람 되고 눈물은 가랑비 되어
임 주무시는 창밖에 바람 불게 하고, 비 뿌리게 하여
날 잊고 깊게 잠든 임 깨워 볼까 하노라.

✏ 혜선쌤이 한땀한땀 정리한 亦功 작품 정리

• 주제: 임을 그리워하면서도 원망함.
• 시적 상황: 임과의 이별을 맞이함.
• 정서와 태도: 임을 원망함.
• 표현상 특징
  ① 임을 향한 원망을 드러냄.
  ② '좀을 깨워'는 임의 잠을 방해하는 구체적인 행동을 통해 임을 원망함을 드러낸 구절임.

조선 후기

5. 사설시조

107 개를 여라믄이나 기르되, 작자 미상

개를 여라믄이나 기르되 요 개 굿치 얄믜오랴

뮈온 님 오며는 쇠리를 홰홰 치며 쒸락 느리 쒸락 반겨셔 내둣고, 고온 님 오며는 뒷발을 바동바

동 므르락 나으락 캉캉 즈져셔 도라가게 흔다.

쉰밥이 그릇 그릇 난들 너 머길 줄이 이시랴.

🔍 **현대어 풀이**

개를 십여 마리씩이나 기르지만 이 개만큼 얄미운 놈 있겠느냐.
미운 님 오면 꼬리 홱홱 치며 올려 뛰고 내리 뛰며 반겨서 내닫고, 고운 님 오면 뒷발 버티고 서서 뒤로
물러났다 앞으로 나아갔다 하며 캉캉 짖어서 돌아가게 한다.
밥 많이 남아서 쉰밥 그릇그릇이 쌓여도 너한테 먹일 성싶으냐.

✏️ 혜선쌤이 **한땀한땀** 정리한 亦功 작품 정리

• 주제 : 애타게 임을 기다리는 모습을 해학적으로 그림.
• 시적 상황 : 임이 오지 않고 있으나 기다림.
• 정서와 태도 : 표면적으로는 고운 임을 내쫓는 개를 원망하지만 이면적으로는 오지 않는 임을 원망함.
• 표현상 특징
  ① 임이 오지 않는 원망함을 개를 미워한다는 '얄믜오랴'라는 말을 통해 해학적으로 나타냄.
  ② 개의 행동을 실감 나게 표현하고자 의태어, 의성어를 사용함.
  ③ 일상적 소재를 활용하여 소박하게 화자의 마음을 나타냄.

108 어이 못 오던가 무슴 일노 못 오던가, 작자 미상

어이 못 오던가 무슴 일노 못 오던가

너 오는 길에 무쇠 성(城)을 쓰고 성(城) 안에 담쓰고 담 안에 집을 짓고 집 안에 두지 노코 두지

안에 궤(櫃)를 노코 그 안에 너를 필자형(必字形)으로 결박(結縛)ㅎ여 너코 쌍배목의 걸쇠 금(金)

거북 자물쇠로 슈긔슈긔 잠가 잇더냐 네 어이 그리 아니 오더니

흔 히도 열두 들이오 흔 들 셜흔 늘의 날 와 볼 홀니 업스랴

🔍 현대어 풀이

어찌 못 오느냐? 무슨 일로 못 오느냐?
너 오는 길 위에 성을 쌓고 성 안에 담 쌓고 담 안에 집을 짓고 집 안에는 두지 놓고 두지 안에 궤짝을 놓고 궤짝 안에 너를 묶어 놓고 쌍배목과 외걸새, 용거북 자물쇠로 깊숙이 깊숙이 잠갔더냐? 너 어찌 그렇게 안 오느냐?
한 달 30일 중에 날 보러 올 하루도 없느냐

✏️ 혜선쌤이 한땀한땀 정리한 亦功 작품 정리

• 주제: 오지 않는 임에 대한 원망과 기다림.
• 갈래: 사설시조
• 성격: 해학적, 과장적
• 표현상 특징
  ① 연쇄법을 통해 운율을 형성함.
  ② 설의법을 통해 주제를 강조함.
  ③ 과장법을 통해 해학적인 분위기를 형성함.
  ④ 장애물의 정도가 점점 심해지는 점층법이 드러남.

109 나모도 돌도 바히 업슨 뫼혜, 작자 미상

나모도 돌도 바히 업슨 뫼혜 매게 쪼친 가토리 안과

大川바다 한가온대 一千石 시른 빈에 노도 일코 닷도 일코 농총도 근코 돗대도 것고 치도 싸지

고 브람 부러 물결치고 안개 뒤섯거 ᄌᄌ진 날에 갈길은 千里萬里 나믄듸 四面이 거머어득 져뭇

天地寂寞 가치노을 썻는듸 水賊 만난 都沙工의 안과,

엊그제 님 여흰 내 안히야 엇다가 ᄀ을ᄒ리오.

🔍 **현대어 풀이**

나무도 바윗돌도 없는 산에서 매에게 쫓기는 까투리의 마음과,
넓은 바다 한가운데 일천 석이나 되는 짐을 실은 배가 노도 잃고, 닻도 잃고, 돛줄도 끊어지고, 돛대도 꺾어
지고, 키도 빠지고, 바람 불어 물결 치고, 안개는 뒤섞여 자욱한 날에, 갈 길은 천 리 만 리 남았는데, 사방은
깜깜하고 어둑하게 저물어서 천지는 고요하고 사나운 파도는 이는데 해적을 만난 도사공의 마음과,
엊그제 임과 이별한 나의 마음을 어디다가 비교할 수 있으랴.

✏️ **혜선쌤이 한땀한땀 정리한 亦功 작품 정리**

- 주제: 임과 이별한 후의 슬픔
- 갈래: 사설시조
- 성격: 수심가, 이별가
- 제재: 임과의 이별
- 표현상 특징
  ① 절박한 상황들을 과장, 열거하여 해학적인 분위기를 자아냄.
  ② 절박한 상황들의 정도가 점점 심해지는 점층법이 사용됨.
  ③ 절박함의 정도를 견주는 비교법이 사용됨.

110 두터비 프리를 물고, 작자 미상

두터비 프리를 물고 두험 우희 치두라 안자

것넌 산(山) 브라보니 백송골(白松骨)이 써잇거늘 가슴이 금즉ᄒ여 풀떡 쒸여 내ᄃ다가 두험 아

래 쟛바지거고

모쳐라 늘낸 낼싀만졍 에헐질 번ᄒ괘라.

🔍 현대어 풀이

두꺼비가 파리를 물고 두엄 위에 뛰어올라가 앉아
건너편 산을 바라보니 흰 송골매가 떠 있거늘 가슴이 섬뜩하여 펄쩍 뛰어 내닫다가 두엄 아래 자빠졌구나.
마침 날랜 나이기에 망정이지 하마터면 피멍 들 뻔했구나.

✏️ 혜선쌤이 한땀한땀 정리한 亦功 작품 정리

• 주제: 부패한 탐관오리의 착취와 허세를 풍자함.
• 갈래: 사설시조
• 성격: 풍자적, 의지적, 해학적
• 제재: 두꺼비
• 표현상 특징
 ① 의인법을 통해 간접적으로 지배 계급을 비판함.
 ② 상징법을 통해 주제를 강조함.
  1) '파리': 피지배층인 서민
  2) '두터비': 지방 관리
  3) '백송골': 중앙 관리들
 ③ 복수의 화자가 드러남.

111 창(窓) 내고쟈 창을 내고쟈, 작자 미상

창(窓) 내고쟈 창을 내고쟈 이 내 가슴에 창 내고쟈

고모장지 세살장지 들장지 열장지 암돌져귀 수돌져귀 빈목걸새 크나큰 쟝도리로 쑥싹 바가

이 내 가슴에 창 내고쟈

잇다감 하 답답홀 제면 여다져 볼가 흐노라.

🔍 현대어 풀이

창을 내고 싶다, 창을 내고 싶다. 이 내 가슴에 창을 내고 싶다.
고모장지 세살장지 들장지 열장지 암돌쩌귀 수톨쩌귀 배목걸새 크나큰 장도리로 뚝딱 박아
이 내 가슴에 창을 내고 싶다.
이따금 많이 답답할 때면 여닫아 볼까 하노라.

✏️ 혜선쌤이 **한땀한땀** 정리한 **亦功** 작품 정리

- 주제 : 마음의 고통과 답답함에서 벗어나고 싶은 소망.
- 갈래 : 사설시조
- 성격 : 해학적, 의지적
- 표현상 특징 : 구체적인 생활 언어와 친근한 생활 주변의 일상적 사물을 열거하여 괴로움을 극복하려는 해학이 돋보임.

112 싀어마님 며ᄂ라기 낫바, 작자 미상

싀어마님 며ᄂ라기 낫바 벽 바흘 구루지 마오

빗에 바든 며ᄂ린가 갑세 쳐 온 며ᄂ린가 밤나모 서근 등걸에 휘초리 나니ᄀ치 알살픠선 싀아버님,

볏 뵌 쇳똥ᄀ치 되죵고신 싀어마님 三年 겨론 망태에 새 송곳 부리ᄀ치 샢쪽ᄒ신 싀누이님

唐피 가론 밧틔 돌피 나니ᄀ치 싀노란 욋곳 ᄀ튼 피똥 누는 아돌 ᄒ나 두고,

건 밧틔 메곳 ᄀ튼 며ᄂ리를 어듸를 낫바 ᄒ시ᄂ고.

🔍 현대어 풀이

시어머님, 며늘아기 미워하여 부엌 바닥을 구르지 마오.
빚 대신 받은 며느리인가, 물건 값에 쳐 온 며느리인가. 밤나무 썩은 등걸에 회초리 난 것같이 매서우신 시아버님, 소똥같이 말라빠진 시어머님, 삼 년 동안 엮은 망태에 새 송곳 부리같이 뾰족하신 시누이님, 좋은 곡식 갈아놓은 밭에 나쁜 곡식 난 것같이 샛노란 오이꽃 같은 피똥 누는 아들 하나 두고,
기름진 밭의 메꽃 같은 며느리를 어디를 미워하시는고?

✏️ 혜선쌤이 한땀한땀 정리한 亦功 작품 정리

• 주제 : 자신을 괴롭히는 시집 식구에 대한 비판
• 갈래 : 사설시조
• 표현상 특징
  ① 대구법을 통해 운율을 형성함.
  ② 시댁 식구들을 일상생활의 대상에 비유하고 나열하여 해학적이고 풍자적으로 비유함.
  ③ 설의법을 통해 주제를 강조함.
  ④ 시댁 식구와 자신을 대조하여 해학적인 분위기를 나타냄.
  ⑤ 청자를 설정하여 말을 건네는 어조를 활용함.

113 귓도리 져 귓도리, 작자 미상

귓도리 져 귓도리 에엿부다 져 귓도리

어인 귓도리 지는 둘 새는 밤의 긴 소리 쟈른 소리 節節이 슬픈 소리 제 혼자 우러녜어 紗窓

여윈 줌을 슬드리도 씨오는고나

두어라 제 비록 微物이나 無人洞房에 내 뜻 알리는 너뿐인가 ᄒ노라

🔍 현대어 풀이

귀뚜라미, 저 귀뚜라미, 불쌍하다 저 귀뚜라미,
어찌된 귀뚜라미가 지는 달 새는 밤에 긴 소리 짧은 소리, 마디마디 슬픈 소리로 저 혼자 계속 울어 비단
창문 안에 옅은 잠을 잘도 깨우는구나.
두어라, 제가 비록 미물이지만 독수공방하는 나의 뜻을 아는 이는 저 귀뚜라미뿐인가 하노라.

✏️ 혜선쌤이 한땀한땀 정리한 亦功 작품 정리

• 주제 : 이별의 정한. 가을밤 임에 대한 그리움, 외로움.
• 갈래 : 사설시조
• 성격 : 연정가(戀情歌), 연모가(戀慕歌)
• 표현상 특징
  ① 대상에 감정을 이입하여 화자의 외로움을 표현함.
  ② 영탄법, 반어법을 통해 화자의 감정을 효과적으로 드러냄.
  ③ 의인법을 통해 정서를 강조함.

MEMO

박혜선

주요 약력

고려대학교 국어국문학과 최우수 수석 졸업
고려대학교 국어국문학과 심화 전공
고려대학교 국어국문학과 중등학교 정교사 2급 자격증
前) 대치, 반포 산에듀 온라인 오프라인 최연소 대표 강사
現) 박문각 공무원 국어 1타 강사

주요 저서

박문각 공무원 입문서 시작! 박혜선 국어
박혜선 국어 기본서 출좋포 문법
박혜선 국어 기본서 출좋포 문학
박혜선 국어 기본서 출좋포 어휘·한자/한손 어휘책(박혜선 국어 어플)
박혜선 국어 기본서 출좋포 독해
박혜선의 최단기간 어문 규정
박혜선 국어 문법 출.좋.포 80
박혜선의 최단기간 고전 운문
박혜선의 개념도 새기는 기출 문법
박혜선의 신기록 문학 기출
박혜선의 콤팩트한 단원별 문제 풀이(문법 편)
박혜선의 콤팩트한 단원별 문제 풀이(독해 편)
박혜선의 ALL IN ONE 문법의 왕도
박혜선의 ALL IN ONE 문학의 왕도
박혜선의 ALL IN ONE 비문학 쌍끌이

박혜선 국 어
최단기간 고전 운문

초판인쇄 | 2023. 10. 5. 초판발행 | 2023. 10. 10. 편저자 | 박혜선 발행인 | 박 용
발행처 | (주)박문각출판 등록 | 2015년 4월 29일 제2015-000104호
주소 | 06654 서울시 서초구 효령로 283 서경 B/D 4층
팩스 | (02)584-2927 전화 | 교재 주문·내용 문의 (02)6466-7202

저자와의
협의하에
인지생략

정가 14,000원 ISBN 979-11-6987-525-7
ISBN 979-11-6987-523-3(세트)

* 본 교재의 정오표는 박문각출판 홈페이지에서 확인하실 수 있습니다.